ブッダになる道

──『四十二章経』を読む

服部育郎

ブッダになる道 ——『四十二章経』を読む

目次

四十二章経とは

『四十二章経』とは、題名の示す通り、四十二章から構成される経典である。数ある仏教経典の中では短編に属するもので、仏教の基本的な教えを、各種の経典から選び集め、四十二章に仕立てたものと言えよう。

それぞれの章で説かれる内容は多岐にわたるが、主に原始仏教の経典をもとにして、仏教的な生き方や考え方、そして修行方法などをわかりやすく、巧みな比喩を用いて説明している。この点から、本書は非常によくできた仏教入門書と言ってもよい。ただ、第一章から第四十二章までの内容は、順序よく並べられたものではなく、重複した教えもみられる。

『四十二章経』の成立年代や作者などに関して、明確なことはわかっていない。この経典には序文が付されているが、そこでは、『四十二章経』の成立について次のように記されている。

漢の明帝(めいてい)が夢の中で神人(しんじん)が身体から光を放ち、宮殿の前に飛んでくるのを見た。明帝はこれを見て喜び、群臣に「この神はなんであるか」と質問する。通人(つうじん)の傅毅(ふき)という人がいて、答えて「私が聞くところによると、天竺(てんじく)に仏という道を得た者がいるらしい。その仏は虚空を飛ぶそうだから、帝が夢で見た神とおそらく同じものでしょう」と説明した。そこで、明帝は使者を大月氏国(だいげっしこく)へ遣わして、『四十二章経』を写させたという。

この伝説は、『四十二章経』以外の文献にも紹介されているもので、「感夢求法説」と呼ばれたりもするが、そこに述べられる『四十二章経』が後漢の時代に将来されたという記述は、時代や内容に多くの問題点があり、歴史的事実としては認められていない。

また、『四十二章経』の冒頭に、「後漢西域沙門迦葉摩騰共法蘭訳」（後漢に西域の沙門である迦葉摩騰と共に法蘭訳す）とある。さらに、「永平一〇年（西暦紀元六七年）に、迦葉摩騰と竺法蘭が洛陽に来て、白馬寺において『四十二章経』を訳した」ことを述べている文献もある。これが事実ならば、この経典は中国に最初に将来された仏典になる。しかし、このことも早くから疑問視されており、現在では歴史的事実ではないことになっている。

結局のところ、『四十二章経』は大体五世紀ころに、当時中国に伝えられていたいくつかの経典から教説を抽出して、中国でまとめられたものではないかと、わが国の学者は推定している。ただ、これも定説とはなっていない。

現存する『四十二章経』にはいくつかの異本がある。その中で、一番古く原型に近いとみなされているのが、『高麗大蔵経』に収められている『四十二章経』である（「高麗本」という）。

もう一つよく読まれているものに「守遂本」とよばれている『四十二章経』がある。これは、宋の時代に、中国禅宗の大洪守遂が、『四十二章経』を『仏遺教経』『潙山警策』と共に『仏祖三経』としてまとめた中に含まれるものである。守遂はそれぞれの経に注釈を付けて世に流布させた。『四十二章経』は『仏祖三経』の一つとなることによって、その後禅宗で、初心者の仏教入門用のテキストとして広く愛用される。守遂本『四十二章経』は、それ以前にあった『宝林伝』（八〇一年成立）

の「釈迦牟尼章」の中に掲載されていた『四十二章経』を参考にしたのではないかと考えられる。なお、『宝林伝』に含まれる『四十二章経』は「宝林伝本」と呼ばれている。

ただ、守遂本や宝林伝本の『四十二章経』は、高麗本『四十二章経』と比べたとき、その内容にかなり違いが見られる。それぞれの特徴を簡単に述べれば、原始仏教の教えが中心である高麗本に対して、守遂本や宝林伝本では、そこに大乗仏教や禅の思想が多分に盛り込まれていると言えよう。

なお、本書の現代語訳では、一番原型に近いとされる「高麗本」にもとづく『大正新脩大蔵経』所収の『四十二章経』を用いた。

第一章　沙門とは　――その四つの位――

次のように釈尊は説かれた。

親元を離れて、出家し、ブッダへの道を修行するものを沙門（しゃもん）（出家修行者）という。沙門は、常に二百五十戒を守り、四つの真理の道にしたがって修行して、日々の行いが清浄であれば、［悟りのなかでも最高の悟りである］阿羅漢（あらかん）の位に達することができる。阿羅漢になれば、自由に空を飛んだり、変身したり、また寿命は尽きることなく、天地を動かすことができる。

次に、［阿羅漢より一つ位が下の］阿那含（あなごん）がある。阿那含の位に達した沙門は、寿命が尽きると、その魂は天の世界で最高のところに生まれて、そこで阿羅漢の位を得ることができる。

次に、［阿那含より一つ位が下の］斯陀含（しだごん）がある。斯陀含の位に達した沙門は、一度は天の世界に生まれるが、また人間界に戻ってくる。しかし、そこで努力して修

行すれば、阿羅漢の位に達することができる。

次に、［斯陀含より一つ位が下の］須陀洹（しゅだおん）の位がある。須陀洹の位の沙門は、七回死んで、七回生まれて、そこではじめて阿羅漢の位に達する。

たとえば両方の手足を切断してしまったら、それを二度と用いることがないように、［阿羅漢に達した聖者は］断ち切った愛欲に二度と溺れることはない。

紀元前六世紀ごろの東インドには、出家して修行する一群の人たちがいた。彼らは沙門（しゃもん）と呼ばれ、家族や財産や地位などの一切の世俗的な事柄を捨て去って、出家遊行生活をおくっていたという。沙門の多くは、何も所有しない生活を理想としながら、そのころ主流であった伝統の宗教、バラモン教に対立する考えや実践を主張していた。ゴータマ・シッダッタもまた、出家して沙門の一員として修行を始めたのであった。

「沙門」とは、サンスクリット語のシュラマナ、またはパーリ語のサマナを音写してできた言葉で、もとの意味は「努め励む人」という意味である。本来、この語は仏教に限らず、そのように修行する人たち一般を指した言葉であった。ジャイナ教の祖師であるマハーヴィーラなども沙門と呼ばれていた。しかし後には、主としてブッダの教えを実践する出家修行者を意味する語として用いられるようになった。

『四十二章経』の「第一章」では、最初に、ブッダの教えを修める者が「沙門」であると述べ、その沙門とは、具体的には二百五十の戒を守り、四つの真理の道を修める人たちであるという。ただ、この二百五十戒とは、男性の修行者（比丘）に関していっているものであり、女性の出家修行者（比丘尼）は三百四十八の戒が定められていた（これは『四分律』によった数で、『パーリ律』によると、比丘は二百二十七戒、比丘尼は三百十一戒となる）。この中には、殺すことや盗むことなど、犯せば教団を追放される規則から、犯した場合は反省し悔い改めることで許されるもの、さらには食事や乞食などの行儀作法を規定したものまで、さまざまな規則が含まれている。

次にいう「四つの真理の道」とは、原文で「四真道」となっている。仏教の専門用語では「四諦」と呼ばれている教えである。四諦とは「四つの真理」ということで（「諦」とは「真理」という意味）、仏教の基本的な教理の一つである。その四つをまとめると以下のとおりになる。

①私たちの苦しみについての真理（苦諦）

②その苦しみを生じさせている原因についての真理（集諦）

③苦しみを滅した状態に関する真理（滅諦）
④その苦しみの滅にいたる方法に関する真理（道諦）

四諦の教えは「人生は苦である」と現実を認識することから始まる。苦しみとは「自分の思い通りにならないこと（欲するままにならないこと）」をいう。経典では、苦しみを具体的に、生まれること、老いること、病気になること、死ぬことなどをあげて説明している。（「苦」については「第三十五章」の解説で詳しくみる。）

それでは、これらの苦しみは何が原因で生じるのだろうか。このように観察していくことから、第二の真理である「苦しみを生じさせている原因についての真理」が導き出される。苦という結果をもたらす原因は何か、ということを追求したのが「集諦」（この「集」とは原因という意味）なのである。経典ではしばしば、この「集諦」を説明して「喜びと貪りをともない、いたるところで喜び楽しもうとする妄執（渇愛）なるものは、苦の原因であるというのが、苦を生じさせる原因に関する尊い真理である」と述べている。つまり根源的な欲望があるから、それをコントロールできないから、ないものねだりをして、結果的に苦しむことになるというのだ。この欲望は次から次へとほしがってやむことのない本能的な欲望で、のどの渇きに喩えられて「渇愛」とも呼ばれている。

この苦の原因がなくなれば、苦もまた消滅するはずである。そこで、苦の原因が完全に滅せられた状態に関する真理が説かれる。修行の目的となる境地である。経典では

「これらの妄執（渇愛）を残りなく離れ滅し、捨て去り、脱してこだわりのなくなることは、真の理想目的であるというのが、苦を滅した状態に関する尊い真理である」という。

最後に、苦の原因を滅して理想の状態へいたるための具体的な方法、そこにいたる道ともいえる実践方法に関する真理が「道諦」と呼ばれる。そして、その道とは「八正道」（仏教徒の生きるべき八つの正しい道）であるという。それは、次の八つをいう。


正しい見解（正見）・正しい思惟（正思）・正しいことば（正語）・正しい行い（正業）・正しい生活（正命）・正しい努力（正精進）・正しい念い（正念）・正しい精神統一（正定）

ことばを変えていえば、四諦の教えとは、人のあり方を、いまある迷いの姿（苦）とそれを生み出した原因（集）、そして、あるべき理想とする姿（滅）とその理想を実現する方法（道）との四つに分けて示すものである。

『四十二章経』では、このように戒を守り、四諦の教えにしたがって修行を進めるならば、ついには「阿羅漢の位の聖者」になるという。聖者の位に関して、この章の後半では、修行の完成度によって四つの段階に分けている。

まず、もっとも位の高い聖者は阿羅漢である。「阿羅漢」とはサンスクリット語のアルハンを音写した言葉で、「尊敬に値する人、供養を受けるにふさわしい人」を意味し、修行完成者のことをさす。この語は、インドで仏教が起こった時代には、諸宗教を通じて尊敬されるべき修行者に対する呼び名であった。そして仏教もそれを取り入れ、釈尊のことを「阿羅漢」と呼んでいる。

　阿羅漢は、煩悩はすべてなくなり、学ぶべきことはすべて学んで、もう学ぶことは残っていないという意味から「無学（むがく）」とも呼ばれる。これに対して他の位の聖者たちは、まだ学ぶことがあるから「有学（うがく）」と呼ばれる。ここにいう阿羅漢とはブッダと内容的には同じで、ブッダの別名と考えてよいだろう。すなわち、本来は、釈尊の悟りと弟子の悟りには区別がなかった。しかし、釈尊が亡くなってから後の時代になると、阿羅漢は仏弟子が到達できる最高の位と考えられ、ブッダ（仏）とは区別されるようになる。

　いくつかの経典では、阿羅漢の位に達したら、さまざまな特殊な能力（神通力（じんずうりき））を得ると伝えられている。本章の「阿羅漢の聖者は自由に空を飛んだり、変身したり、寿命は尽きることなく、天地を動かすことができる」という表現は、そういった事情を反映しているのであろう。ただ、あくまでもこのような表現は、阿羅漢は普通の人とは比べものにならないほどの能力を有している、ということを強調するのが目的なのだろう。つまり、空を飛ぶといった表現は、事実を述べているのではなく、すべての愛欲を滅して阿羅漢となれば、心に滞りがなくなり真に自由な境地となるから、その様子を描くために使われた文学的表現といえよう。（神通力に関しては「第十一章」で詳しくみる。）

　阿羅漢よりも位の低い聖者は、低い順にあげると、須陀洹（しゅだおん）、斯陀含（しだごん）、阿那含（あなごん）の位がある。人の煩悩には断ちやすいものから、そうでないものまで様々であるが、有学の聖者としての須陀洹、斯陀含、阿那含は、それらの煩悩を段階的に除いていく過程に位置づけられるといえよう。そして、すべての煩悩がなくなったのが阿羅漢ということになる。

須陀洹とは、迷いを断ち切って聖者の仲間に始めて入ったもので、仏教の教えの一端が少しわかりかけてきた聖者である。この位の聖者は、七回の生死を繰り返した後に阿羅漢の悟りを得るという。

斯陀含とは、まだ世俗への思いが充分に断ち切れていないため、もう一度だけ生まれかわって、世俗への未練を完全に断ち切る聖者である。そのことから「一来（いちらい）」ともいう。

阿那含とは欲界（欲望にとらわれた生き物が住む世界）の煩悩をすべて断じ尽くした聖者で、もう迷いの世界に戻ってくることがないから「不還（ふげん）」とも呼ばれる。この聖者は、死んだ後は十九天に上り、そこで阿羅漢になるという。ここでいう十九天とは、仏教の宇宙観で最も上にある天、非想非非想処天（ひそうひひそうじょてん）（有頂天（うちょうてん））を表わしていると思われる。

ただ、釈尊の生存中には、以上に述べたような形で修行者を階位的に区別して説くことはなかったようである。仏教が始まった当時は、ただ漠然と「真理を悟った人々（ブッダ）」「悟りのために学んでいる人々」「凡夫（ぼんぶ）」といった区別がなされていただけで、くわしい階位的区別は後の時代の人たちによってなされたものと考えられる。

第二章　修行者の生活

次のように釈尊は説かれた。

髪と鬚とを剃り落として出家修行者（沙門）となって、ブッダの教えを受ける者は、金銭や財産とのかかわりを断ち、乞食して生活することに満足し、食事は一日に一度のみとし、夜は樹の下で寝て、同じ場所に二度と宿をとってはならない。

［このように沙門の生活について厳しくいうのは、愛と欲を制するためである。］人の、真実を見る眼をくらまし駄目にするのは、愛と欲だからである。


頭髪や鬚を剃ることは、インドにおいて多くの出家修行者たちの習俗であった。ゴータマ・シッダッタもそれに習い、みずから髪や鬚を剃り落として、ブッダへの道を歩き

始めたのである。頭髪や鬚を剃ることは「剃髪」「落髪」「浄髪」などといわれるが、世俗的な虚飾を断ち、本来の目的である修行に専念するためであるという。

髪や鬚をのばしていると、飾りをつけたり、油や香料をぬったりする。床屋へ行って調髪したり、髪を洗ったり、櫛でといたりしなくてはならない。白髪が目立ってくると染色する、さらには毛髪が抜け落ちたときには嘆き悲しみ、困惑することになる。このようなことに心をとらわれずに、修行に集中すべきだということである。

では、そのように出家した釈尊、その弟子たちは、どのような修行生活をおくっていたのであろうか。どんな衣服をまとい、いかなる食事をして、どのような居住生活をしていたのであろうか。当時の修行者のすがたを衣食住の観点から見てみよう。

まず、何を身に着けていたかといえば、ごみためや露地に捨てられているボロ布を拾い集め、それをきれいに洗って、綴り、一枚の衣に仕立てたものを着ていた。これを糞掃衣という。糞掃衣とは原語のサンスクリット語で「パーンスクーラ」という。パーンスとは「汚物、ちりあくた」の意味で、この語を発音で訳す際に、あえて「糞掃」という字を用いて原語の意味をも同時に表そうとしているのは興味深い。また実際には、墓場で死体を包んでいた布を拾ってきて、それを着ることもあったという。

釈尊の在世中から釈尊が亡くなった後一〇〇年くらいまでを、原始仏教時代という。そして、その時代に編纂され伝承された多くの経典をまとめて「原始経典（原始仏典・原始聖典）」と呼んでいる。その原始経典をみると、修行者の衣類に関しては次のように記されている。

ごみため、墓場、または街路からボロ布をもってきて、大衣(だいえ)をつくり、粗末な衣服を着用すべきである。(『テーラガーター』五七八)

あくまでも寒さを防ぐため、暑さを防ぐため、虻・蚊・風・炎熱・蛇よりの害を防ぐため、ただ陰処を隠すために、比丘は正しく観察して衣を着用すべきである。(『中部経典(ちゅうぶきょうてん)』第二巻 一〇頁)

次に、当時の修行者たちの食生活についてみてみよう。それは現在の私たちからすると、相当に過酷で厳しいものであったようだ。一日の食事は一度だけで、修行者たちは托鉢(たくはつ)によって食を得ることを基本としていた。托鉢とは「鉢によって生きながらえる、鉢に生命を托(たく)(託)す」という意味である。食を他に乞うことから「乞食(こつじき)」ともいう。

修行者たちは、午前中に鉢を手に持って街に出かけていき、そこで信者の家を順番にまわり食べ物の布施を受け、受け取った食べ物を持ち帰って仲間の修行者とともに食べたという。原則としては、どのような食べ物でも布施されたら拒否してはいけないことになっていた。与えられた物の中には、米や麦、菓子や果物、時には魚や肉も含まれていた。当時の修行者はこのように与えられた魚や肉は食べていたのである。

食べ物を布施する人たちの中には、裕福な人もいれば、貧乏な人もいたであろう。こころよく食べ物を布施する人たちもいれば、中にはうるさくおもい、門前で追い払う人もいたにちがいない。しかしその際も、修行者たちは、貧富を区別することなく、選ぶことなく順番に家を訪ねて、食物を乞わなくてはならないとされていた。さらに、自分で料理したり、栽培したりといった一切の生産活動にたずさわることも許されていなかった。そのため、時には田畑の収穫後の落ち穂を拾ったり、木や草の実を食べたりして、命をつないだ者もいたという。

また、原始経典では、飲食に関して量を知ることの大切さを強調する。正しく観察して食べ物をとることが必要で、それは味覚を楽しむためにではなく、美容のためではなく、あくまでも身体の維持のために、仏道修行を支えるために食べるのであると説かれている。

次に住居であるが、本来、出家修行者は住居を持たず、森、岩窟、墓地の中や、樹の下に住みながらの遊行不定住生活をしていた。それは屋根の下には寝ないということである。ただ、これは暑いインドであったから可能だったといえるかもしれない。また、同じ場所に二泊三泊ととどまることも禁止されていた。

樹の下、山岳、渓谷、岩窟、墓地、荒れた藪(やぶ)地、露天、藁(わら)を積み重ねた上、そのような人里はなれたところを選んで、修行者は住する。(『長部経典(ちょうぶきょうてん)』第一巻

七一頁)

衣食住のすべてにおいての厳しい生活は、少欲知足をむねとし、執着をなくし、愛と欲とが生じることがないようにするためであり、それは悟りを得て、真に自由な境地にいたることを目的とする生活法といえよう。

このような衣食住に関する修行の方法は、次第に体系的に整理され、頭陀行(ずだぎょう)としてまとめられることになる。「頭陀(ずだ)」とは、サンスクリット語のドゥータ(dhūta)を音写してできた語で、「ふるい落とす」「はらい除く」の意味をもつ。すなわち、頭陀とは「衣食住についての貪り(むさぼり)、欲望を除くための基本的な生活規定」ということである。その規則の数は、三支、五支、八支などでまとめられる例もあるが、十二頭陀支(ずだし)(または十三頭陀支)が最も代表的なものとして伝えられている。いま、それらをまとめると次のとおりになる。

① 人里はなれた静かなところに住むこと。
② つねに托鉢のみで食を得ること。
③ 托鉢のときは、家々を順次に托鉢して、家を意識的に飛ばさないこと。
④ 食事は一日一度かぎりであること。
⑤ 食べ過ぎないこと。

⑥　昼食のあとはおもゆを飲まないこと。
⑦　ボロ布をつなぎ合わせたものを着用する。
⑧　大衣・上衣・中着衣の三衣のみを着用する。（このうち、大衣とは托鉢に出かけるときなど外出時に着用、上衣とは礼拝や法要のときに、中着衣は日常の作業や就寝のときに使う下着のこと）
⑨　墓地の中あるいはその近くに住むこと。
⑩　樹の下に住むこと。
⑪　空き地に坐ること。
⑫　つねに坐って修行すること。

『四十二章経』の「第二章」は、出家修行者のすがたを、この十二頭陀を省略したかたちで述べているといえよう。

このような頭陀の修行を厳格に実践していた弟子がいた。その名をマハーカーシャパ（マハーカッサパ、「摩訶迦葉」「大迦葉」と漢訳される）という。彼は頭陀の修行が最もすぐれていることから、頭陀第一とも呼ばれている。原始経典の一つで、男性修行僧の信仰告白集ともいえる『テーラガーター』という経典では、彼は群集を離れて岩山に行き、厳しい頭陀の修行をしていたことが記されている。

カッサパは、托鉢から帰って、岩山に登り、執着することなく、恐れおののきを捨てて瞑想する。(『テーラガーター』一〇五九)

世俗の人たちがざわめかず、鹿の群れが往来し、さまざまな鳥たちの群がる岩山は、私を楽しませてくれる。(『テーラガーター』一〇六九)

時代とともに釈尊の教え、つまり仏教が多くの人々に知られてくると、それにしたがって弟子の数も増えていく。そこで、修行者たちの生活はこれまでの遊行生活から、精舎(ヴィハーラ、住むところの意。祇園精舎(ぎおんしょうじゃ)は有名である)での定住生活へと変化せざるをえなかった。精舎での生活は釈尊も認めている。ただそこでは、信者から布施された衣を着ることもあり、家に招待されて食事をいただくこともあるから、それまでの厳密な頭陀の修行は次第にうすれていく傾向にあった。そのような状況の中でも、頭陀修行を守りつづけていた修行者たちがいて、マハーカーシャパはその代表者であったという。

第三章　善悪の基準とは

次のように釈尊は説かれた。

人の行為の善悪は、以下に述べる十種の基準（十事）で判断するのである。その十種の基準とは、身体に関して三つ、ことばに関して四つ、こころに関して三つである。身体に関しての三つとは、生き物を殺すこと、盗み、淫らな行為である。ことばに関しての四つとは、仲を裂くことば、悪口、嘘、飾りことばである。また、こころに関しての三つとは、妬み、いかり、愚癡である。これら十種のことをしないのが「善」で、これらをするのが「悪」である。

さらに、三尊［すなわち、真理にめざめたブッダ（仏）と、そのブッダが説き示した教え（法）と、その教えによってブッダになるための修行をする人たち（僧）］を信じないことも「悪」である。また、まちがったことを正しいとすることも「悪」である。

在家信者の人たちは、怠けることなく、五つの戒め（五事）を守れば必ず真実の道を得ることができる。［五つの戒めとは、殺しをしない、盗まない、淫らなことをしない、嘘をつかない、酒を飲まない、の五つである。］ましてや、さきの十種の悪をしなければ、なお確実に真実の道を得ることができるのである。

「悪いことをしないで、善いことをする」、それは多くの哲学や宗教や道徳などで、広く一般に説かれるところである。ブッダの教えもまたこの点を強調する。「七仏通誡偈」という詩句がある。これは過去の七仏（釈尊より以前に六人のブッダが現れたと考え、釈尊と合わせて七仏とする）が共通して保ったとされる教えで、仏教の教えを要約したものといってもよい。

「すべての悪いことをなさず、善いことをおこない、自己の心を浄めること、これがもろもろのブッダの教えである」（『ダンマパダ』一八三）

それでは、善とは何か、悪とは何か。こう問い返してみると、明確に答えることはむずかしい。ひとつの行為が善か悪かは、なかなか判定しがたい場合もあるだろう。ある人にとって善であることが、他の人にとっては悪になることもあるし、国や宗教や時代が異なれば価値観も変わり、善悪の基準がはっきりしないこともある。また、感覚的な満足や快感が善で、不満足や不快感が悪であるとも簡単にはいえないであろう。このように、人の価値観や立場や主義によって、簡単に入れ替わってしまう善と悪は本当の意味での「善悪」といえるであろうか。

「善悪を超えた境地」を高く評価して理想とする立場がある。大乗仏教ではとくにこの境地が重要であると教える。しかし、善と悪とを正しく把握できなければ、それを超えることなどできない。正しく生きるためには、やはりある行為が善か悪かを判断するしっかりとした基準が必要である。

釈尊にとって善とは何だったのだろうか、また、釈尊は悪をどのように考えていたのだろうか。釈尊はみずからの臨終を前にして、これまでの自分の一生を振り返り、「わたしは善を求めて出家した」と述べている。

わたくしは二十九歳で、善を求めて出家した。わたくしは出家してから五十年余りとなった。(『マハーパリニッバーナ経』五—二七)

この「善」に相当する原語はパーリ語で「クサラ」といい、「正しい、利益になる、公正な、道徳的によいこと」などを意味する。つまり、人々の利益になり、道理にかなっていることを善といっている。

では、善い行いとは具体的に何をいうのであろうか。仏教が説く善悪の基準は、釈尊が出家して、修行し、歩んできた道を詳しくたどってみることで明らかになってくるだろう。原始経典では釈尊が説いた具体的な実践の仕方を整理してまとめ、いろいろな徳目をもって伝えている。たとえば、八聖道（はっしょうどう）、五戒（ごかい）、四摂事（ししょうじ）、十善（じゅうぜん）、十三頭陀（じゅうさんずだ）などである。『四十二章経』「第三章」は、善悪の基準となるものを「十善」と「五戒」を中心に述べている。

まず、十種の行い（十事（じゅうじ））をあげる。仏教では私たちの行為を、「身体的なおこない」「ことばによるおこない」「こころによるおこない」の三つに別けて考えることが多い。これを身口意（しんくい）の三業（さんごう）というが、「第三章」でもこの分け方にしたがって、身体的な行為として三つ、ことばの行為として四つ、こころでの行為として三つをとりあげ、善悪の基準としている。これら十の行為をすることが悪で（十悪）、しないことが善（十善）である。それらを簡単に整理してまとめると次のとおりになる。

最初は、「身体的なおこない」として、「殺生（せっしょう）」、つまり生きものを殺すことである。生き物を殺すこと（殺生）が悪で、殺さないこと（不殺生（ふせっしょう））が善である。経典では、「すべてのものは暴力におびえる。すべての生き物にとって生命は愛（いと）しい。わが身におきかえてみて、殺してはならない。殺させてはならない」（『ダンマパダ』一二九）という。
第二には「盗み」があげられている。盗むこと（偸盗）が悪で、盗まないこと（不偸盗）が善である。自分に与えられていないものを取ってはいけないということで、経典には「与えられていないものは、どのような場合であっても、知ってこれをとることを避けよ。また、他人をして取らせることなく、他人が取り去るのを認めるな。なんでも与えられていないものを取ってはならない」（『スッタニパータ』三九五）という。

第三は「淫らなこと」である。淫らなこと（邪婬）をするのが悪で、それをしないこと（不邪婬）が善となる。出家修行者にとっては男女の性的関係を離れた生活、つまり「不婬」が理想とされるが、一般の在家信者にたいしては「邪な性的関係」を戒めているのである。経典では「自分の妻に満足せず、遊女とまじわり、他人の妻とまじわる、これは破滅への門である」（『スッタニパータ』一〇八）という。つまり、夫、または妻以外の異性と性的関係をもつことを戒めている。

次に、「ことばによるおこない」についての四つの基準である。「仲を裂くことば」は原文では「両舌」となっている。仲のよい人たちの間に入って、二人の仲を裂くことば、さらには、すでに仲が悪い人たちをますます引き裂くようなことばである。このことから両舌は「離間語」（人と人との間を裂くことば）ともいわれる。

第二は「悪口」で、あらあらしいことば、自分の気にくわない者に対して汚く罵ることをいう。経典では「粗暴な、粗野な、他を苦しめ、他を不機嫌にする、怒りを伴ったことば」と説明されている（『中部経典』第一巻二八六頁）。

第三は「嘘をつくこと」、原文では「妄語」とされている。逆に嘘をつかないことを「不妄語」という。

第四の「綺語」とは、飾りことばで、真実ではないことを面白おかしく作ってしゃべること、いわゆる「おべんちゃら」のことである。飾り立てた見せかけだけの美しいことばは、内容がないことから「無義語」ともいわれる。

さて、つづいて「心によるおこない」として、妬み、いかり、愚癡の三つがあげられる。この三つは原文でそれぞれ、「嫉」「恚」「癡」となっている。「嫉」とは、嫉妬すること、他人が行った善いことをねたむことである。「恚」とは瞋恚のことで、腹を立て、いかり憎むことをいう。「癡」とは、まちがった見解で、ものの道理がわからないことをいう。

人間の心身を乱し悩ます心のはたらきは煩悩と名づけられ、仏教では多くの煩悩を数え上げるが、その中で、貪欲・瞋恚・愚癡（略して貪瞋癡という）の三つを、もっとも根本的な煩悩として「三毒」という。「第三章」でも、この三毒を述べているのであろうが、ここでは、「貪」が「嫉」となっている。ちなみに、「貪」とは「むさぼり」のことである。

以上のような十種の基準（十事）を述べたあと、「第三章」では、ブッダ（仏）と、ブッダが説き示した教え（法）と、その教えによって修行をする人たち（僧）とを信じないことが「悪」で、信じることが「善」であるという。仏・法・僧は普通は「三宝」（仏教を構成する三つの宝）といわれるが、原文では三つの尊ぶべきものという意味で「三尊」とされている。

さらにそれにつづいて「五戒」（五つの戒め、五事）をあげる。五戒とは「不殺生（殺さない）・不妄語（嘘をつかない）・不偸盗（盗まない）・不邪婬（淫らな行為をしない）・不飲酒（酒を飲まない）」の五つをいう。五戒の中で最初の四つはそれ自体悪いこととされるが、最後の「飲酒」はそれ自体は悪くないが、度を越すと悪になるから、不飲酒が説かれているという。

原始経典には『シンガーラへの教え』と題される経典がある（『長部経典』第三十一経、漢訳は『六方礼経』という）。この経典は、在家信者のシンガーラに対して、釈尊が処世の教訓を説いているという非常に興味深いものであるが、その中に飲酒の害を述べている箇所がある。それによると、酒には六つ害があるという。その六つとは、

①現に財産の損失がある、②口論しやすくなる、③疾病の巣窟となる、④悪い評判がたつ、⑤隠処を露出する、⑥知力を弱める、

である。酒を飲み、悪酔いする人の習癖は釈尊の時代も今もたいして変わりはないのだろうか。なお、歴史的にみると「不殺生」「不妄語」「不偸盗」に「不邪婬」が加わって、

さらにある時代から「不飲酒」が付け加えられて「五戒」が成立したと考えられている。

この章で説かれている教えは、主に在家の仏教信者に対して説かれたものである。ただ、現代語訳で「在家信者」とした箇所は、原文では「優婆塞」（在家の男性信者の意味、一方、在家の女性信者は「優婆夷」とよばれる）となっているが、それをもってすべての在家信者を表しているものと理解した。

第四章　悪行から善行へ　――懺悔の心――

次のように釈尊は説かれた。

人がいろいろな過ちを犯して、ただちにそれを悔い改め、同じ過ちを二度とくり返さないように心がけなければ、その罪はどんどんと積み重なり、増大していく。それはあたかも、海に水が流れ込んで、だんだんと増えて深くなっていくようなものだ。

悪いことをしても、それが善くないことであったと気づき、みずから反省し、過ちを悔い改め、善いことをしつづけていけば、これまでの罪は日ごとに消滅して、ついには道を得ることができる。

過ちを犯さない人はいない。問題はそこからどうするかであろう。過ちをくり返すか、悔い改めるか、それによって人の生き方は大きく違ってくる。「第四章」では、犯した過ちはすぐに反省し、悔い改めて、善い行いをしていくことの大切さを教えている。それによって、これまでの罪は少しずつ消滅へとむかい、ついには道を得ることができると説く。

もしも悔い改めないでいるならば、また同じ過ちを犯し、その過ちは罪となって、河の水が次々と海に流れ込むように、どんどんと蓄積されていく。くり返された過ちはしだいに悪い習慣として身につき、ついには悪いことをしてもそれが悪いことであるとも気づかなくなる。そして罪の意識もなくなっていく。こうなってしまうと罪を払いのけることは非常に難しくなってしまう。罪を作ったら必ずその報いがあるのだから、反省し改めることが必要となる。

その報いは私にはこないであろうと思って、悪を軽んじてはいけない。水が一滴ずつ滴(したた)り落ちるならば、水瓶でも満たされるのである。愚か者は、少しずつでも悪を積むならば、やがてわざわいに満たされる。(『ダンマパダ』一二一)

前章では、善悪の基準として十種類の行いをあげていた。つまり、何が善であるか、何が悪であるかを述べていたのであるが、ここではさらに話を進めて、悪を改めて善を行うことの大切さを説く。そしてそのことが、犯した罪を消滅させる方法であるという。
「過ちを悔い改め、善いことをする」とはあたりまえのことであり、このように勧めるのは仏教に限ったことではない。しかし、これが簡単ではない。まず、自分の過ちを過ちとして正しく認識しなければならない。この点がとても大切である。『ダンマパダ』（六三）には「もしも愚者であっても、自分は愚かであると考えれば、すなわち賢者である。愚者でありながら、しかも自分が賢者だと思う者こそ〈愚者〉だといわれる」という鋭い詩句がある。また、「善いことによって悪いことに打ち勝て」（『ダンマパダ』二二三）ともいう。

自分がこれまでしてきた行いを、落ち着いて深く反省すれば、多くの過ちを犯していることに気づくであろう。これまでに嘘をついたことはないか、人を傷つけるようなことばを発していないか、貪りのこころにとらわれていたことはないか。ありのままに自分を反省したときに罪の意識が浮かび上がってくる。

自らの過ちを悔い改め、告白して罪の許しを乞うことを「懺悔（さんげ）」という。一般には「ざんげ」と読むが、仏教では「さんげ」と濁らないで読むことが多い。原始仏教では、修行僧が自分の犯した罪を、釈尊または長老比丘たちの前で告白して、裁きを受けることをいう。比丘たちは半月ごとに集まってウポーサタ（布薩（ふさつ））という儀式を行い、戒律が読みあげられるのを聴いて、みずから反省して、罪があるときは告白し懺悔したのである。大乗仏教では、仏（像）の前で、罪を告白することをいう。

『華厳経』（般若三蔵訳、第四十巻、普賢菩薩行願讃、大正蔵 第一〇巻 八四七頁上）にある次の偈は、日々の過ちを懺悔する文（懺悔文）として、今日でも多くの宗派で用いられているものである。次のようにこころから懺悔すれば悪業は消えるという。

> 我昔所造諸悪業。皆由無始貪瞋癡。従身語意之所生。一切我今皆懺悔（私がこれまで重ねてきたさまざまな悪業は、すべていつ始まったとも知れないむさぼり、いかり、無知とにもとづいています。身体、ことば、こころの三つによって生み出されたすべての悪業を、今すべて、こころから懺悔します）。

釈尊にアングリマーラという弟子がいた。彼は弟子となる以前、インドのコーサラ国で残忍な凶賊として恐れられていた。多くの人を襲っては殺し、その指を切り取って糸に通して首飾りにしていたという。まさしく悪いことを積み重ねていた極悪人であった。そのアングリマーラが釈尊と出会うことにより、今までの過ちを認めて、悔い改めたという。彼は持っていたすべての武器を谷間に投げ捨て、出家して沙門となることを釈尊に願った。釈尊はこれを受け入れる。

しかし、悔い改めたとしても、ただちにこれまでの罪が消えるわけではない。そこから彼にとって苦しい修行が始まった。托鉢に出かけたアングリマーラは、人々から罵られ、石や棒を投げつけられ、手に持っていた鉢は壊される。着ていた衣も破られる。頭から血を流して帰ってきた彼に、深い罪業を清算するために、耐え忍び受け入れることを釈尊は教える。釈尊の教えを実践しつづけたアングリマーラに対する非難の声はしだいに少なくなり、ついに彼は悟りを得るまでに至ったという――過ちを悔い改めて善いことをしていけば、これまでの罪は日ごとに消滅してゆく――。アングリマーラが残したという詩句がある。

以前には怠りなまけていたけれども、のちには怠りなまけることがないなら、その人は雲を離れた月のように、この世を照らすであろう。以前には悪い行いをした人でも、よく善業をもって、そのなした悪業をつぐなうならば、その人は、この世を照らすこと、雲を離れた月のようであろう。(『テーラガーター』八七一―八七二)

仏教の教えでは、過ちを犯して罪を作っても、神やブッダが罰を与えるわけではない。しかし、過ちを改めないと、ブッダへの道を踏み外すこととなる。また、悪業の結果がその人の身に具体的に降りかかることは必然であるという。

第五章　四つの慈しみの心

次のように釈尊は説かれた。

ある人が愚かにも、私に対して善くないことをしたとしても、私は尽きることのない四つの慈しみの心（四等慈）をもって、その人を護り、救済しようとする。それでも、さらに悪いことをして来るようなことがあっても、私はさらに善い行いをもって対応する。

［このようにすれば］幸福とよい結果はつねに私のほうに現れる。［それとは反対に］悪い行いを繰り返していると、悪い結果はその人のほうに降りかかる。

自分は悪いことをせず、善いことをする努力を心がけて修行していたとしても、他の人によってなされた悪い行いが自分に降りかかることもあるだろう。そのような場合にはどうするのか。ブッダならばどのように対応したのだろうか。

この章のポイントは二つある。人から悪事を受けたときには、ブッダは無量の慈悲の心で応じるということ、そして一方、悪事を行った者はその悪業の報いを必ず受けることになるという因果応報の道理（善い行為には善い結果としての報いが、悪い行為には悪い結果としての報いが生じるということ）である。

「第五章」では、釈尊ならば「もしもある人が善くない行いをしたとしても、尽きることのない四つ慈しみの心をもって対応する」という。四つの慈しみの心とは、原文では「四等慈」とされている。等慈とは「平等なる慈悲」という意味で、四無量心とも呼ばれる。その四つとは慈（いつくしみ）・悲（あわれみ）・喜（よろこび）・捨（とらわれを捨てた心）をいう。

仏教において「慈悲」は重要な実践徳目である。もともと「慈」と「悲」は、それぞれが別々に説かれていたのであるが、両者の意味が類似することから、一つにまとめられて「慈悲」という語ができたと考えられている。「慈」の原語である〈マイトリー〉は「友」という意味の語〈ミトラ〉から派生してできた語で、「真の友情、いつくしみ、生けるものに楽を与えること」を意味する。一方、「悲」の原語は〈カルナー〉で「哀憫、同情、やさしさ」を意味し、とくに仏教では「他人の苦しみに対する同情、人びとの苦しみを取り除くこと」の意味で使われる。このことから、慈悲は「与楽（楽を与えること）と抜苦（苦を抜くこと）」として説明されることもある。

> 大慈（大いなる慈しみ）とは、すべての生きとし生けるものに楽を与えることで、大悲（大いなるあわれみ）とは、すべての生きとし生けるもののために苦を抜くことである。大慈とは、喜楽の因縁を彼らに与え、大悲とは、苦しみを離れる因縁を彼らに与える。（『大智度論』大正蔵 第二五巻 二五六頁中）

この慈悲の教えにやがて「喜」と「捨」が加えられて「慈悲喜捨」がまとめて説かれることになる。「喜」とは「よろこび」のことで、他の人が幸福になるのを見て、嫉むことなく心から喜ぶことである。「捨」とは、好き嫌いなどのとらわれや差別をすべて捨てた平等でこだわりのない心をいう。

さらにこれら慈悲喜捨は、それぞれ限定されたものではなく、無量であることが理想とされるから、しだいに四つの無量なる利他の心（四無量心）として体系化されていった。四つの心を無量に起こして、無量の人びとを悟りに導くのである。それは人に限らず、すべての生き物に対しても無量の慈悲、利他の心を起こすことを理想とする。報酬を求める心などなく、たとえ相手が自分の悪口を言ったり危害を加えたりしても、怒ることなく、哀れみの心を起こして対応する。「第五章」でいう「四等慈」はこの四つ無量心のことをいう。釈尊はそのような徹底的な慈悲の心をもって、自分に悪い行いをしてくる相手に対応するという。

一般には「慈悲」という語よりも「愛」という語のほうが好んで用いられている。「愛」という語の意味は、非常に広く複雑であり、あいまいでもある。そこには自己中心的な愛から広く他人を思いやる愛まで含まれているといえよう。ふつう「愛する」という場合、仏教で説くところの慈悲に通じる意味も含まれることもあるが、そこにはどうしても煩悩として否定されるべき自己中心的な欲望が強く含まれている。

「慈悲」と「愛」との違いは何であろうか。愛は独占欲を伴っている。また、愛は限定されたもの、つまり自分に身近なものを強く愛する傾向がある。自分の恋人、自分の家族、自分の友人、自分の国などである。愛国心という、しかし自分の国だけよければ、他の国は犠牲になってもかまわないという愛は、慈悲ではない。恋愛はどうであろうか、何かうまくいかないことがあったり、裏切られたり、そんなことがあれば、容易に憎しみや怨みに変わる可能性がある。またその愛が強ければ強いほど、それを邪魔するものに対しては強い憎しみをおぼえる。こういった愛は自己への根強い執着心を内蔵している。

愛は憎しみに対立するものであるが、慈悲はこれらの愛憎の対立を超越しているものである。仏教の慈悲の特徴を説明する際にしばしば取り上げられる詩句として、次のようなものがある。

あたかも、母が自分の独り子を命をかけて護るように、そのように一切の生きとし生けるものどもに対しても、無量の慈しみの心を起こすべきである。（『スッタニパータ』一四九）

母が子供を愛するような純粋な愛情を、すべての生き物に対しても注ぐことを慈悲という。自分の子供だけを愛しかわいがっても、隣の子供はどうなってもかまわないというのは慈悲とはいえない。このような愛情は特定の人だけに注がれ、限定されている。愛から独占欲や自己中心的な執着などか除かれ、それと同時に、その純粋化された愛の対象が無量に広がっていったものが理想の慈悲のすがたといえるだろう。

慈悲の実践は原始仏教でも強調されるところであるが、大乗仏教では慈悲の精神が一層深く求められ、より完璧で理想的な慈悲のかたちとして、「菩薩の慈悲」が強調されることとなる。菩薩とは、「悟りを求める人」の意味で、とくに大乗仏教においては、人々の救済に力をつくし、広く慈悲の実践をおこなう者をいう。たとえば、『維摩経』では、次のようにいう。

たとえば長者に一人っ子がいたとする。その子が病気になれば父母もまた病気になり、その子の病気が癒えれば父母もまた癒えるようなものである。菩薩はあらゆる衆生を一人っ子のように愛するので、衆生が病気である限りは菩薩もまた病気なのであり、衆生が病気でなくなったら菩薩もまた病気でなくなるのである。

さらに、菩薩の慈悲が完全な自己犠牲として表現されることもある。『大智度論』（大正蔵 第二五巻 八七頁下―八八頁下）には、次のような興味深い物語が紹介されている。尸毘という名の王がいた。王には慈悲の心があり、一切の生きものを母が子を愛するようにみていたという。この王のもとへ一羽の鳩が鷹におわれて逃げてくる。この鳩は王の脇の下にかくれて恐れおののいていた。鳩を追ってきた鷹は、近くの樹の上に止まって、王に対して「私に鳩を返してください」という。しかし王はこれを拒否して「これはあなたに渡せません。私が仏になろうと決心したときに、世の中の一切の生きものをすべて救いたいという願いをもちました」という。これを聞いた鷹は王に言い返す。

王はすべての生きものを救うというが、それでは私はその一切の生き物の中には含まれないのでしょうか。どうして私の今日の食べ物を奪うのですか。

鷹も食べないと死んでしまう。この鷹の言葉は完璧な慈悲の実践が非常に困難である点を鋭くついている。そこで王は自分の身体の肉を切り取り鷹に与える。しかし鷹はその鳩と同じ重さの肉をもらわないと納得しない。王は秤（はかり）を用意させ、そこに自分の身体の肉を切り取ってのせていく。しかし、なかなか充分な重さにはならない。肉が尽き筋が切れて血だらけになっている王は、みずからその秤（はかり）の上によじ登る。

これを見ていた神々は「これこそ本当の菩薩である」とほめたたえたという。神は王に対し「あなたは肉を割いて辛苦しましたが、心は悩み沈むことはありませんでしたか」と質問している。これに答えて、王は、「私の心は喜んで、思い悩むことはありませんでした」と述べたという。

実は、この物語において、尸毘王とは菩薩の修行をしている釈尊の前世の姿であり、王の修行が本物かどうかを試そうとした二人の神が、それぞれ鷹と鳩に姿を変えて現れるという設定で語られている。

第六章　罵られた時に

――贈り物のたとえ――

私がブッダの道を守って、人びとに慈悲の心で接しているのを聞き、「それに嫉妬して」危害を加えようとする人がいても、私は慈悲の心で彼を迎える。たとえば、わざわざやって来て、私を罵るようなことがあっても、私は黙って何も答えず相手にしない。そして、かえってその人をあわれみの心でみる。悪口を言う愚かな者に対して、そのように対応して、暫らくして相手が落ち着いて罵ることをやめたのを見て、私は次のように問いかける。

「あなたが贈り物を持ってある家を訪ねたところ、その相手が贈り物を受け取らなかったら、あなたはその贈り物をどうしますか」

「持って帰るより仕方がないでしょう」

「今、あなたは私を罵りましたが、私はそれを受け取りません。それをあなた自身が持ち帰って、あなた自身に浴びせなければならないのです。それはあたかも、人の声にこだまが応じるように、また影が物の形に従うようなもので、［決して自分が作った過ちを］逃れることはありません。ですから、決して悪いことはしてはいけないのです」。

ここでは、前章で説かれた内容をさらに詳しく述べている。つまり、ブッダの慈悲の実践と、悪事をはたらいた者はその報いを受けて、結果的に本人が苦しみを味わうことになること、それを具体的な事例を示しながら、比喩を用いて説明している。

人は正当な理由もなく他人から悪口を言われたり、非難を受けたりすることがある。「第六章」では、それを例にとってブッダの生き方を説く。釈尊の時代のインドでは、多くの自由思想家たちがそれぞれの考えを述べ、互いに議論をして優劣を競いながら、その考えに賛同する弟子たちを集めていた。そのような状況のなかで、釈尊の教えは多くの人々の心をひきつけ、仏教教団はしだいに隆盛となっていった。しかし、他の教えを信奉する人たちの中には、発展していく仏教に対して嫉妬心いだき、わけもなく誹謗したりするものがいたのも事実のようである。そのように悪口をいって危害を加える者がいた場合でも、ブッダは無量の慈悲をもって相手をあわれむという。

ここでは、一つの例として、特に人から悪口を言われた時に関して述べている。根拠のある正しい批判ならば、もちろんそれに答えなくてはならない。しかし、しかるべき理由もなく罵られた場合などはどうすればよいのか。

現実の問題として、私たちは人から悪口を言われたり罵られたりすると、どうしても頭に血がのぼり、腹を立て、相手に対し怒りをおぼえ、売り言葉に買い言葉で、言い返してしまうことが多い。しかし、ブッダは黙って相手にしないという。この黙って怒り返さないことがなかなか簡単にはできない。人に非難攻撃されて、黙って聞いているこ
とは、相当な精神的訓練がなされていないと難しい。経典では、人から罵られたときには、怒ってはいけない、堪え忍ばなくてはいけない、動揺してはいけないと注意する。

戦場において象が、いられた矢にあたっても堪え忍ぶように、私は人のそしりを忍ぼう。じつに性質の悪い人は多いからである。馴らされた象は、戦場にも連れて行かれ、王の乗り物ともなる。みずからを修めた者は、世の人のそしりを忍び、人々の中にあっても最上の者である。(『ダンマパダ』三二〇—三二一)

怒った人に対して怒り返す人は、それによってさらに悪いことをなすことになる。怒った人に対して怒り返さなければ、勝ちがたき戦いにも勝つことになる。

（『相応部経典』第一巻二二二頁）

一つの岩の塊が風に揺るがないように、賢者は非難と賞賛とに動揺することはない。（『ダンマパダ』八一）

罵られて罵り返し、仕返しをして怨みを晴らすことで、一時の感情的な満足感は得られるかもしれない、腹の虫は少しおさまるかもしれない。しかし相手もさらに報復してくるかもしれない。罵りの言葉に対して応酬したら、また罵りの言葉がかえってきて収拾がつかなくなる。めらめらと燃えさかる怒りの炎は、火をもって消すことはできない。釈尊は、心に生じる怒りの感情について、「怒らないことによって怒りに打ち勝て」（『ダンマパダ』二二三）という。

『四十二章経』「第六章」では、「贈り物」のたとえを用いて説明する。贈り物を持って行っても、相手が受け取らなければ、みずから持って帰るより仕方がない。それと同様に、悪口を言っても相手が受け取らない、つまり相手にしなければ、それを自分で持ち帰るしかないというのである。

じつは、この「第六章」で述べられる内容は、原始経典の一つ『相応部経典』（「アッコーサ経」）を典拠としていると考えられる。そこでの比喩は少し異なっているが、伝えようとする内容は同じである。あるバラモンが釈尊を誹謗した。釈尊はその人に「友人や親類などがあなたの所にやって来たときに、その人にいろいろと食べるものを差し出したとして、もしも彼らがそれを受け取らなかったら、その食事は誰のものとなるでしょうか」という趣旨の質問をする。これに対し釈尊を誹謗したバラモンは「それを受け取らなかったら、食事はわれわれのものになるでしょう」と答える。そこで次のように釈尊は述べている。

そのとおりです。バラモンよ。罵ることのないわれわれをあなたは罵った。怒らないわれわれをあなたは怒った。論争することのないわれわれに論争しかけた。しかしわれわれはそれを受け取りません。バラモンよ、これはあなたのものとなるのです。

悪口を言ったものは、自分でそれを持ち帰る以外にない。相手がいなくては喧嘩にならない。他人にむかって悪いことをしても、その悪事の結果を受け取るのは他人ではなく、自分自身である。やまびこが人の声に応じるように、影が物にしたがって離れることがないように、原因と結果はいつも呼応するものであり、悪口を発したものはその報いを必ず受けることになるというのである。『スッタニパータ』（六五七―六五八）は鋭い洞察をもって次のように述べる。

人が生まれたときには、口の中に斧（おの）が生じている。愚者は悪口を言って、その斧で自分を切り裂くのである。非難すべき人を誉め、また誉めるべき人を非難する者、彼は口をきくことによって禍（わざわい）をかさね、その禍の故に幸せを受けることができない。

そして、「第六章」の結論は、「だから、悪いことを慎め」となる。人から罵られたときの対処法、人を罵ることから生じる禍を、この教えから学ばなくてはならない。

ただ、ここで考えないといけない点がある。相手からの悪口に対して、怒らず、堪え忍び、動揺しない、それで自分はよいかもしれない。しかし、その悪口を言ってくる相手は、そのままにしておくと、ますます悪口を増長させていくのではないか。自分だけが心の平静を保持して、そこで止まってしまっては自利的なものとなるのではないか。

「第六章」では、さらに利他的な面から、悪口を言う相手に対してもあわれみの気持ちをもち、正しい道を進めるように手助けをすることが大事だという。それがブッダとしてのほんとうの実践といえよう。頭に血がのぼり罵倒してくる相手が、少し落ち着いてきたところを見計らって、ブッダは話しかける。これは絶えず相手を救い導こうという気持ちが根本にあるからであり、自分だけが心の平安を得てそこに安住することを目的としているのではない。機会をみてよりよい形で相手を教え導こうとする方法なのである。

第七章　賢者を害すると

次のように釈尊は説かれた。

悪人が賢者に危害を加えるのは、あたかも天に向かって唾を吐くようなものである。吐いた唾は天を汚すことなく、吐いた人に降りかかり、その人自身を汚す。また風に逆らって人に対して塵をまくようなものである。塵はその人のところには届かず、まいた人に降りかかる。

賢者に対して危害を加えてはならない。その過ちは必ずその人に降りかかり、身を滅ぼすことになる。

「第七章」では、「決して賢者に危害を加えてはならない、危害を加えたならば禍は必ずその人自身に降りかかる」ことを述べている。では、「賢者」とはどんな人のことをいうのだろうか。

原始経典の一つである『ダンマパダ』には「賢い人」と題された章があり、そこには賢者に関する詩句が集められている。それによると、賢者とは、正しい真理を知り、真理を喜び、心清らかに澄んで、安らかに臥し、自己をととのえ、非難と賞賛に動揺することなく、心が清らかであり、執着することがなく、智慧があり、悪いことを捨てて善いことをして、家を出て孤独に喜びを求め、欲楽を捨て、無一物であり、心の汚れを去って、おのれを浄め、煩悩を滅し尽くして輝き、現世においてまったく束縛から解きほぐされている人、そのような人を賢者といっている。つまり、ここで賢者とはブッダ、またブッダの教えに従って修行をしている者を指しているといえよう。

このような賢者に危害を加える、たとえば、悪口を言ったり、罵ったり、傷つけたり、殺害したりなどの悪行をしたら、その行為の結果は、自分自身に降りかかり、自分自身を害することになるという。それは天に向かって唾を吐くようなものであり、また風に逆らって塵をまくようなものである。ここで、「天」そして「風上にいる人」は賢者のことを喩えているのはいうまでもない。仏教経典の中には賢者に対して悪意をもった行為をしてはならないと説く教えは多い。

賭博で財産を失う人は、たとえ自身を含めてすべてを失ったところで、その不運はわずかなものである。しかし立派な聖者に対して悪意をいだく人の受ける不運は、さらに大きいのである。（『スッタニパータ』六五九）

汚れのない人、清くして咎のない人を汚すならば、その禍（わざわい）はかえってその愚かな人に戻ってくる。風にさからって細かい塵をまけば、その人に戻ってくるようなものである。（『ダンマパダ』一二五）

目覚めた人（ブッダ）をそしり、あるいは出家であれ在家であれ、その弟子をそしる人、彼は賤しい人であると知れ。（『スッタニパータ』一三四）

心がよこしまな考えによって、賢聖のことばを破壊するのは、竹にその実がなって、みずからを破壊するようなものである。（『大智度論（だいちどろん）』大正蔵　第一三巻一五八頁上）

「危害を加える」という行為は、決して賢者に対してのみ過ちになるというのではない。どのような生き物に対しても、同様にそれは過ちになることは明確である。ただ、先にも述べたように、釈尊とその弟子たちに対する嫉妬心から、彼らを誹謗中傷するものが少なくなかったのであろう。そのような情況を反映して、賢者に対して危害を加えることの罪がいかに大きいかを、特に取り上げて述べていると考えられる。

賢者を誹謗中傷することによって生じる禍が、いかに大きく恐ろしいものであるかを強調するために、いくつかの逸話が経典に残されている。そのなかの一つを見てみよう。

あるとき、釈尊のもとにコーカーリヤという修行僧がやって来て、サーリプッタとモッガラーナを誹謗したことがあった。サーリプッタとモッガラーナとは仏弟子のなかでも中心的な存在であり、二大弟子ともいわれている。教団内で二人の信望が高まってきたことで、彼らに嫉妬の気持ちをいだく者がいたのであろう。コーカーリヤが二人を誹謗したという話は経典のあちこちに出てくるが、『スッタニパータ』(第三章「大いなる章」)では次のような逸話をのせている。その内容を要約して紹介しよう。


コーカーリヤが釈尊のもとにやって来て、「サーリプッタとモッガラーナとは、悪い欲望をおこしています。悪い欲望に支配されています」といって、サーリプッタとモッガラーナとを悪意をもって非難した。これに対して、釈尊は「コーカーリヤよ、まあ、そういうな。そのようにいうな。サーリプッタとモッガラーナに対して浄らかな信仰心をおこせ。サーリプッタとモッガラーナとは穏やかで素直である」といってコーカーリヤに注意した。しかし、彼はその言葉も聞かずに、同じように非難を続けて、釈尊のもとを立ち去った。立ち去ってまもなくのことである。彼の全身に芥子粒(けしつぶ)ほどの腫れ物ができた。その腫れ物はしだいに小豆(あずき)ほどの大きさになり、それが大豆ほどに、棗(なつめ)の核ほどに、そして棗の果実ほどにと、だんだんと大きくなっていき、ついには破裂して膿と血がほとばしり出た。コーカーリヤはその病苦のために死んで地獄に落ちたという。

賢者を非難したコーカーリヤが、すぐに病気になって死んだというのは事実ではないであろう。しかし歴史的にみて、ブッダやブッダの弟子たちに対して、何らかの非難や危害を加えようとする人たちがいたことは事実だったであろう。このような逸話が残されているという事実はそのことを物語っている。

仏教の歴史において反逆者として有名な弟子はデーヴァダッタ（提婆達多(だいばだった)）であろう。彼は、シャカ族の出身で、釈尊のいとこにあたるとされているが、経典においては非常に評判が悪く、反逆者、時には悪人の代表として描かれている人である。デーヴァダッタは、ビンビサーラ王の王子であるアジャータサットゥ（阿闍世(あじゃせ)）をそそのかして父王を殺させようとし、自分もまた釈尊を殺して教団を乗っ取ろうとしたと伝えられている。

デーヴァダッタは、その計画を達成するために、王子の臣下に釈尊を殺させようと企てたり、山の上から釈尊めがけて岩石を落とし、けがをさせたり、凶暴な象をけしかけて襲わせようとしたり、また、手の指の爪に毒を塗って釈尊に近づこうとしたりと、さまざまな悪事を試みたとされている。まさに、賢者を害する人の代表のように描かれているのである。しかし、デーヴァダッタの悪事はことごとく失敗に終わる。彼は死んだ後に、罪人が猛火に身を焼かれるという無間地獄（阿鼻地獄ともいう）に落ちて苦しんだという。無間地獄とは、苦痛の「間断なく襲ってくる」ところであるから、このように名づけられたともされる。

しかし、今日の研究では、デーヴァダッタが釈尊にさまざまな悪事を行ったという伝説は、さらに詳しく検討すべき問題が多いと指摘されている。彼は、釈尊に五つの教団改革の要求を提出したという。その要求とは、森林の中に住み、托鉢で食べ物を得て、招待された食事は受けない、常に糞掃衣を着用して、布施された衣服は用いない、など厳格な出家修行者の姿に戻ろうという提案であったようだ。

デーヴァダッタの考えは頑固とまでいえるほどに生真面目で、実践が厳格すぎるという面があったのかもしれない。釈尊はその主張を退けたという。そこで、彼は釈尊のもとを去り、独自に別のグループを作って行動することになる。であるから、結果的に教団を分裂させたとはいえよう。しかしながら、ここで彼が主張する五つの要求だけからは彼を悪人とみなす根拠は見出せない。

釈尊と意見を異にして、教団を分裂させたデーヴァダッタは、後に仏教経典の作者たちによって種々な脚色を加えられ、色々な悪行を背負わされていった。そして、結果的に極悪人というレッテルを貼られてしまったのではないかと推測される。この点に関して、中村元博士は「仏典においてデーヴァダッタに対してむけられている憎悪は異常であり、ほとんど病的なものを感じる。仏教一般を通じて認められる大らかな、寛容の態度がここには認められない」（『原始仏教の成立』春秋社 五六七頁）と指摘している。

　ちなみに、七世紀の中国僧である玄奘の著した『大唐西域記』によると、「提婆宗の徒」が存在したことが記されている。また、『法華経』（羅什訳）には「提婆達多品」があり、そこでデーヴァダッタは悪人としてではなく、善智識（善き友、仏教の正しい教えを与え導いてくれる人の意味）として賞賛されている。

第八章　施しの功徳

次のように釈尊は説かれた。

ブッダの教えを修める者は、つとめて博く慈しみの心をもって愛しなさい。そして、博くあわれみの心をもって施しなさい。施しの功徳ほど大きいものはないからである。志を堅く守って、ブッダの教えを修めていけば、その功徳は量りしれないほど大きい。

また、人がブッダの教えを他の人に説いているのを見て、それを喜んで助ければ、それもまた、よい功徳を得ることになる。ある人がこれを聞いて、「それならば、［最初に教えを］施した人がうける功徳が減ってしまうことになりませんか」と質問した。

そこで釈尊は次のように説明した。「ここに一本の松明の火があったとしよう。数千の人が、それぞれ松明を持ってやって来て、その燃えている一本の松明から火を分かって持ち帰り、ある人はその火で食べ物を煮て、ある人は部屋の明かりとして使ったとする。しかし、もとの松明の火は少しも減ったりすることがなく、もとのまま燃え続けている。それと同じように、「最初に施しをした人の」功徳が減るようなことはない。」

心から慈しみ、あわれむ心をもってみる、すなわち慈悲の心をもつ時、何かを必要として苦しんでいる人がいたら、何とかして必要なものを与えたいという気持ちが生じるであろう。

与えることを仏教では「布施（ふせ）」という。その原語はサンスクリット語で「ダーナ」、「与えること、与えられるもの」を意味する。音写して「檀那（だんな）」という。後には「旦那（だんな）」と書かれ、「使用人などが主人を呼ぶことば」として使われるが、それは給料を与える人という意味からきている。また、「檀家（だんか）」とは金品を布施して寺を維持する家という意味である。

布施という語は、今日では一般に「僧に金品を与えること、その金品」の意味で使われている。寺院で葬儀や法事をしてもらいそれに対するお礼としての、いわゆる「お布施」である。しかし、仏教の歴史をみると、この語はもっと広い意味で、仏教の重要な修行徳目の一つとして説かれてきた。

与える品物はいろいろある。食べ物、衣類、金銭、また労働などによる奉仕でもよい。さらに、布施は自分の所有物を与えるだけでなく、たとえば、河に橋を渡すことや、人びとの休憩所をつくることなど、それによって将来的に人々が喜び幸せになるものを残すことも布施となる。「財法二施」という言葉がある。それは「財施」と「法施」のことで、在家信者が修行者に食べ物などの物質的なものを施すことを財施といい、それに対して修行者たちが信者に教えを説くことを法施という。

仏教の歴史において「布施」の実践はさまざまな形で説かれている。雑多なジャンルの説話を集めている『雑宝蔵経』という経典では、お金や物がなくても布施はできるとして、七種類の布施を紹介している（大正蔵 第四巻 四七九頁上）。

① 眼施　やさしい思いやりのまなざしを向ける。
② 和顔悦色施　嫌な顔をせず、穏やかな楽しい顔つきをする。
③ 言辞施　やさしい思いやりに満ちた言葉をかける。
④ 身施　立って行って迎えたり、挨拶したりする。

⑤ 心施　思いやりのある心遣いを施す。
⑦ 床座施　座席を与える。
⑧ 房舎施　家に招き入れ歓待し、あるいは泊めてあげる。

これは金銭や物だけでなく、他人への気遣いや思いやりもまた布施に他ならないことを述べていて、「無財の七施」（財産がなくてもできる七種類の施し）として伝えられている教えである。

また、得たものを独り占めにしない、むさぼらないことが布施であるともいう。『スッタニパータ』（一〇二）では、「十分な富があり、黄金があり、食べ物のある人が、自分一人でおいしいものを食べるならば、これは破滅への門である」と述べている。むさぼらないこととは余分なものを所有しないことであり、自分に必要な最小限のものを得て満足することである。それによって本当に必要な人がそのものを得ることができる。むさぼらないことは、そのまま世間に布施することになるといえよう。

『四十二章経』「第八章」では、このような布施の功徳は量り知れないほど大きいという。「功徳」という言葉は『四十二章経』の原文では「福」や「福徳」という語で表されている。原語は「プンニャ」で、「よい行い、よい行いによって得る果報」の意味である。人が施しをすることで得られる功徳が多いことは、仏教の経典のあちこちで説かれている。

またここでは、人がブッダの教えを他の人に説いているのを見て、それを喜んで助ければ、そのことでもよい功徳を得ることができるという。人のために教えを説いて聞かせることは、それ自体で功徳を積むことであるが、他人が功徳を積むのを見て、自分のことのように喜ぶのは、自分も功徳を積むことになるという。これを仏教の専門用語で「随喜功徳（ずいきくどく）」と呼んでいる。

そこで、布施をする人を見て喜ぶ者もまた功徳が得られるというなら、最初に布施を行なった人の功徳は、それを見て喜ぶ者によって奪われて、減ってしまうのではないかと、このような疑問をもった人がいた。これに対して釈尊は、松明（たいまつ）のたとえを使って、初めに布施をした人の功徳が減ることはないと説明している。

ちなみに、『法華経（ほけきょう）』の「随喜功徳品（ずいきくどくぼん）」では、他人の功徳を喜んで、それを他に語り、伝え伝えて第五十番目になっても、その人の功徳ははじめの人の功徳と同じであると述べている。また、原始経典の『相応部経典（そうおうぶきょうてん）』（第一巻　三六頁）では「功徳は盗賊も奪うことができない」という。

大乗仏教になると、より理想的な布施のかたちとして、「布施をする人」「布施を受ける人」「布施される物」の三つが、それぞれ汚れなく清浄であることが大切だと主張する。物を〈与える―もらう〉という授受関係では、どうしてもそこに執着やわだかまりが生じやすい。与えたくないがしかたがない、もう少しよいものが欲しい、たくさん欲しい、騙したり盗んだりして得た物を与えよう…　それは正しい布施とはいわない。

求道者はものにとらわれて施しをしてはならない。なにかにとらわれて施しをしてはならない。…　このように、スブーティよ、求道者・すぐれた人々は、跡をのこしたいという思いにとらわれないようにして施しをしなければならない。それはなぜかというと、スブーティよ、もしも求道者がとらわれることなく施しをすれば、その功徳が積み重なって、たやすくは計り知られないほどになるからだ。(『金剛般若経』四)［中村元・紀野一義訳注『般若心経・金剛般若経』岩波文庫による。］

与える人に惜しむ気持ちがなく、与えてやったというおごり高ぶる気持ちもなく、お返しを期待する気持ちなどもない。受け取る人も卑下することなく喜んで受け取る、そして布施する品物も正しく手に入れた物でなくてはならない。簡単にいえば布施の行いに、何のわだかまりも残ることなく、みんなが喜ぶことのできる施しが求められているといえよう。

第九章　善人に布施をするのがよい

次のように釈尊は説かれた。

百人の普通の人に食事を布施するよりは、一人の善人に食事を布施するほうがよい。

千人の善人に食事を布施するよりも、一人の五つの戒め（五戒）を守っている人に食事を布施するほうがよい。

一万人の五つの戒めを守っている人に食事を布施するよりは、一人の須陀洹の位の聖者に食事を布施するほうがよい。

百万人の須陀洹の位の聖者に食事を布施するよりも、一人の斯陀含の位の聖者に食事を布施するほうがよい。

千万人の斯陀含の位の聖者に食事を布施するよりも、一人の阿那含の位の聖者に食事を布施するほうがよい。

一億人の阿那含の位の聖者に食事を布施するよりも、一人の阿羅漢の位の聖者に食事を布施するほうがよい。

十億人の阿羅漢の聖者に食事を布施するよりも、一人の辟支仏に食事を布施するほうがよい。

百億人の辟支仏に食事を布施するよりも、三尊（釈迦・文殊菩薩・普賢菩薩）の教えに従って、今の両親をブッダへの道に導く［人に食事を布施する］ほうがよい。

千億の人を教え導くよりも、ブッダに学び、ブッダとなることを願い、人々を苦しみから救おうとする人に食事を布施するほうがよい。

［すなわち］よりすぐれた善人に食事を布施するほうが、その功徳は大きい。［また］一般の人が天地の神々や霊を信仰するよりは、生きている親に孝行するほうがよい。両親はもっとも尊いからである。

ここでは、食事を供養することを例にとって、どのような人に対して布施をするかによって、功徳に違いがあるという。食事を供養するのはよいことだが、普通の人に布施するよりも、すぐれた人に布施するほうが価値があり功徳も多いという。

すなわち、順次に、普通の人→善人→五つの戒め（殺さない・嘘をつかない・盗まない・淫らな行為をしない・酒を飲まない、という五戒）を守っている人→須陀洹の位の聖者→斯陀含の位の聖者→阿那含の位の聖者→阿羅漢の位の聖者→辟支仏、と後者のほうが布施の対象としてはすぐれているとされている。

「辟支仏」とは原語のパーリ語、「パッチェーカ・ブッダ」を音写した言葉で、師匠に依らずに一人で悟りを開いた聖者をいう。この意味から〈独覚〉ともいい、また世の無常を感じるなどさまざまな縁によって悟るという意味から〈縁覚〉ともいう。ただ、この聖者は悟りを得ているが、人のために教えを説いて救済することをしないため、独善的な性格を有するとされており、理想の完全な仏には劣るのである。

この辟支仏への供養は阿羅漢へのそれよりも功徳はすぐれているとされるが、さらにそれよりも三尊の教えによって両親をブッダの道へ導く人に布施するほうがすぐれているという。ここにいう「三尊」が具体的に何を意味するのかは理解の難しいところであるが、三人の尊者、つまり、釈尊・文殊菩薩・普賢菩薩のことではないだろうか。文殊菩薩とは、サンスクリット語の「マンジュシュリー」を音写した「文殊師利」の略称で、悟りの知的な面である智慧の象徴として信仰されている。普賢菩薩とはサンスクリット語で「サマンタバドラ」といい、普く行きわたった善という意味である。悟りの実践的な面として慈悲の象徴とされている。経典では、文殊菩薩と普賢菩薩は密接な関係をもって現れる。

「第九章」の典拠となったと考えられるのが『中阿含経』（巻三十九、大正蔵 第一巻 六七七頁、なお『増支部経典』にも同様の教えがある）にある教説である。そこで説かれる内容を簡単にまとめると、以下のような順番で、功徳の大きいことを述べている。

凡人への布施 → 須陀洹の位の聖者への布施 → 斯陀含の位の聖者への布施 → 阿那含の位の聖者への布施 → 阿羅漢の位の聖者への布施 → 辟支仏への布施 → 修行用の建物を多く修行者に施すこと → ブッダの教えを守っている人に帰依する → すべての人々に慈悲の行いをする、と順次すぐれているとされる。そしてさらに、「世間のものはすべて無常で、苦で、正体がなく（空）、神のような実体的なものはない（無我）、と観察して悟ること」のほうがすぐれているという。

この『中阿含経』の内容が、のちに『六度集経』に表現を少し替えて引用されている。『四十二章経』の「第九章」の内容はこれらの経典を参考にして、その内容に変更を加えたり、付加したりして作られたものと考えられる。

布施する相手に関しては、しばしば経典において問題にされている。ある経典（『相応部経典』第一巻 九八頁―一〇〇頁）では、コーサラ国のパセーナディ王が「どのような人に対して施しをすべきでしょうか」と釈尊に質問している。釈尊は「その人に向かって心が静まり澄む（信仰する）人に対してしなさい」と答える。また、王は「どのような人に施せば大いなる果報が得られるでしょうか」とも問う。これに対して釈尊は「戒めをたもっている人に施しをすると、大いなる果報が得られますが、悪い習性の人に施しても、そうはなりません」といい、比喩をもって王を納得させている。それを要約すれば、次のとおりである。

戦争がおこって、そこに武術を学ばず臆病で逃げ腰の青年が来たら、王はその青年を戦闘部隊の一員として雇うことはないだろうが、武術を学び勇敢で逃げようとしない青年が来たときは雇うであろう。それと同じように、どのような家柄であろうとも、出家して煩悩を捨て、戒めを守り智慧のある人に施したら、大きな果報が生じる。

仏教では、貧しい人、旅行者、家族などさまざまな人に対しての布施を勧めている。ただ、その中でも特に、出家して戒律を守り、修行している聖者に対する布施が大きな功徳をもたらすと考えられていた。出家修行者に布施すると、多くの功徳が生じることから、彼らは「福田（ふくでん）」と呼ばれる。布施の種をまけば、後に福徳が生じる田という意味である。

第十章　五つの困難

次のように釈尊は説かれた。

世の中には五つの難しいことがある。〔すなわち〕貧乏でありながら布施することの難しさ。高い地位（豪貴）にありながら、ブッダの教えを学ぶことの難しさ。命を捨てるつもりでもなかなか死ねない難しさ。ブッダの教えにめぐりあうことの難しさ。ブッダのいる世界に人として生まれることの難しさ。

ここでは、この世には五つの難しいことがあると述べ、それらを示しながら、ブッダへの道を進むにあたっての大切なことを伝えようとしている。

まずは、貧乏な人が布施をすることは難しいという。現実の問題としてそうであろう。

充分な収入がなく、自分の生活が苦しいという情況の中で、さらに他の人々に施しができる人は多くはないだろう。しかし、ブッダの教えによると、決して貧乏な人の布施が不可能とはいっていない。貧しいままでもできる布施の仕方はいくらでもある（前章でみた「無財の七施」など）。

また、貧しいながらも、その中から少しでも分け合っていくことが大切であると説いている。貧しくても施す人々もいるし、裕福であっても与えることを嫌う人々もいる。布施をするという行為は、与える人の宗教的な心のもち方と深くかかわっている。貧しくても、相手を思いやる気持ちをもつことができれば、他の人が貧しく苦しんでいる姿を見るとき、その人の痛みに共感できる分だけ、施しが容易に行われることさえあるといえよう。その気持ちがもてるかどうか、それがとても大切である。次の詩句はこの点を的確に表現している。

荒野を旅する時の仲間のように、乏しいなかから分かち与える人々は、死せるものたちのうちにあっても滅びない。これは永遠のことわりである。（『相応部経典』第一巻一八頁）

また、貧しい中から少しでもよいから、心のこもった施しをするときの功徳は非常に大きいともいう。前章では布施をする「相手」によって、その功徳が異なると述べられていた。しかし一方では、「布施をする人の心のあり方」でその功徳が異なってくると説かれている点も見過ごしてはならない。

金持ちの王様が供養したたくさんの灯火より、貧しい女性が苦労して供養した一本の灯火のほうが功徳が大きい、と教える「貧女の一灯」の物語は有名である。夜明けになってもこの女性がささげた灯火だけは消えないで燃え続けていた。それを見ていた釈尊は次のようにいう。

> 四つの大海の水を注いだとしても、嵐の風をもって吹いたとしても、その灯火を消すことはできない。なぜならば、広く多くの人を救おうという大いなる心をおこした人が布施した物だからである。（『賢愚経』巻三、大正蔵 第四巻 三七一頁上）

また、次に紹介する物語も、真心からなされた布施がいかに貴重であるかを教えている例である。ある時、王が釈尊に対して豪華な食事を供養したところ、貧しい老女が布施したわずかな豆の方が功徳が大きいといわれた。これを不服と思った王はその理由を尋ねる。王の質問に対する釈尊の答えを要約して示すと次のとおりである。

> あなたは確かに数々の供養をされています。しかし、ここにあるすべての物は、

国の人々が働くことによって作り出されたものです。王様が、自分自身で苦労して作ったものはないでしょう。たとえわずかでも、供養に本当の気持ちがこもっていれば、どんな豪華な供養にも劣るものではありません。（『衆経撰雑譬喩』五話、大正蔵 第四巻 五三二頁中）

さて、二番目に難しいものとしてあげられているのは「高い地位（豪貴）にありながらブッダの教えを学ぶことの難しさ」である。その理由はいくつか考えられるだろう。身分や地位の高い人は、その現状に満足して、自己を見つめて反省することを忘れ、なかなか真剣に学ぼうとする態度を持てなくなるかもしれない。また、時には他の人が嫉妬心から、その人を高い地位からひきずり下ろそうとするだろう。それに対して、その人は地位を守るために神経をすり減らし、ブッダの教えを学ぶ余裕など持てなくなることもあろう。同様なことは、お金持ちの人にも当てはまるかもしれない。財産があれば、それを奪おうとする人がいる。奪われると落胆と怒りで自分を失う。道元はブッダの教えを学ぶ姿勢として「学道の人は最も貧なるべし」（道を学ぶ者は財産に思いわずらってはならない。『正法眼蔵随聞記』四―四）と述べている。

次は「命を捨てるつもりでもなかなか死ねない難しさ」である。原文は「命を制えて死せざらんとするの難」とある。命がけでがんばると決意して、死ぬ覚悟で努力しても、実際にはなかなか死ねないものである。ここでは潔く死ぬことを勧めているのではなく、本当に死ぬことはなかなかないので、それほどの強い意志をもって、命がけでブッダの教えを学び、実践していくことが大事である、と伝えているのだろう。

次は「ブッダの教えにめぐりあうことの難しさ」である。原文では「仏経を観るを得るの難」という。ブッダの教えがそこにあったとしても、そのすばらしさに気付かなければ、出会うことはできない。また、教えの本当の意味を正しく理解することもなかなか難しい。誤った受け取り方をしていれば、ブッダの教えにめぐりあったとはいい難い。教えを自分勝手に理解したり恣意的に解釈したりすれば、釈尊の非難は特にきびしい。であるから、幸運にもブッダの教えに出会ったならば、怠けることなく、真摯な態度で学び究めなくてはならないという。

最後は「ブッダのいる世界に生まれることの難しさ」をいう。仏教の世界観では、すべての命あるものは、その人の善業や悪業の結果にしたがって輪廻するとされる。つまり、地獄・餓鬼・畜生・修羅（阿修羅）・人間・天の六つの世界（六道）に生死を繰り返すという。そこで、ブッダとめぐりあうには人とし生まれなくてはならない。要するに、ブッダのいる世界に人として生まれることが難しいという意味である。

この難しさ（非常にまれであること）は「盲亀浮木のたとえ」をもって語られることが多い。それは、目の見えない海亀が百年に一度、海中から頭を出して、風によって流されてきた流木にたまたまめぐりあい、その木にたまたまあいている孔に偶然に首を突っ込むことをいう。それほどまでに、ブッダのいる人の世界に生まれることは確率の低いことであるという。そこには、それほど難しいのだから、人として生まれた私たちは、この幸運な機会を無駄にしてはならない、という意味が含まれているといえよう。

このように、『四十二章経』の「第十章」では五つの困難を挙げているが、『四十二章経』の異本（守遂本（しゅすいぼん））では、さらに十五の項目を加えて二十の「困難なこと」を列挙する。参考までに、それらを示しておこう（最初の五つは同じであるから、残り十五を紹介する）。

⑥ 物質的・肉体的な欲望を抑えることの難しさ、⑦ 気に入ったものを見て、それを求めないことの難しさ、⑧ 他人に罵られても怒らないことの難しさ、⑨ 勢力の強いものが威張らないことの難しさ、⑩ 無心でものごとにあたることの難しさ、⑪ 広く学び究めることの難しさ、⑫ 我慢（自分をえらいと思い他人を軽くみる自惚れ）を除くことの難しさ、⑬ 自分より無学のものを軽んじないことの難しさ、⑭ 心に思うことと行為が一つであることの難しさ、⑮ 他人を善い悪いと批評しないことの難しさ、⑯ すぐれた善智識（善き友、師匠）に出会うことの難しさ、⑰ 本質を見てブッダへの道を学ぶことの難しさ、⑱ 人を教化し救う人に随って、教えを受けることの難しさ、⑲ 物事の変化をみて動揺しないことの難しさ、⑳ 方便の教え（導くための方法・手段）を正しく理解することの難しさ（方便にとらわれて本来の目的を見失いがちであることをいう）。

これらの十五の項目は、原型としてあった「五つの困難なこと」に、後のある時代に付加されたものと考えられる。

第十一章　悟りに形はない

ある出家修行者が、釈尊に「何によって悟りの境地（道）が得られ、どのようにすれば前世の生活（宿命）を知ることができるのですか」と質問した。

釈尊は次のように答えた。

悟りは形があるものではないので、これを［形で］知ろうとしても無意味である。大切なことは、志を堅く守って修行していくことである。たとえていえば、それは鏡を磨くようなものである。鏡の表面についている汚れをぬぐい取り、もとの明るい輝きがよみがえれば、そこにおのずから物の形が映し出されるであろう。それと同じように、欲を取り除き、ものへの執着をすっかり捨てるならば（空を守れば）、最高の悟りの境地をみることができ、また前世の生活も知ることができる。

この章では、仏道修行の過程を、鏡を磨くことにたとえて説明する。煩悩を取り除いていくことは、鏡に付着している汚れを取り払い、磨いてきれいにしていくようなものだという（「磨鏡のたとえ」と呼ばれる）。

ある修行者が釈尊に「どのようにすれば悟りを得ることができるのでしょうか、また、どうすれば前世の生活を知ることができるでしょうか」と質問する。この質問の根底には、さとり（道）を何か〈さとり〉という固定したものがあると想定して、それを得るために修行するという誤った考えがあるといえよう。しかし、そのような考えは正しくない。釈尊は「悟りには形はない」（道に形無ければ）という。悟りには形が本来無いものであるから、自分の外にあるものを探すかのように、さとりを探し求め、知ろうとしても無意味であるという。

ここで釈尊は、悟りに対する固定的な見解を打ち砕いている。そして続けて、大切なのは「志を堅く守り修行に励むこと」であるという。ブッダの教えを守り、悪いことをせず、善いことを行い、慈悲の心をもって毎日精進すること、それが「どのようにすれば、悟りを得ることができるか」に対する答えである。

固定的に悟りをとらえ、あたかも自分の外に悟りがあるかのようにみなす誤った考えを打ち消すために、これまで多くの仏教指導者たちは力を尽くしている。悟りはそういうものではなく、その人自身が教えにしたがって努力するところに現れてくるのだということを、いろいろな方法で伝えようとしているのである。たとえば、道元は代表的著書である『正法眼蔵』の「生死」の巻で、次のように言う。

> 仏になるには、とてもたやすい道がある。それは、種々の悪事をしないで、生や死に執着することなく、すべての生きとし生けるものに対して深い思いやりをもち、上をうやまい、下をあわれみ、なにごとに対しても厭い嫌う心がなく、また願うこともなく、心にあれこれと思い惑うこともなく、憂い乱れることもないときに、このような人を仏という。このような仏の他に、別の仏をたずね求めるべきではない。

『四十二章経』では、この点をよりわかり易くするために、「磨鏡のたとえ」を用いて説明する。ブッダになるための修行は鏡を磨くようなものであると教えるのだ。そのように修行せよと教えるのである。このたとえでは、鏡は心を、塵は煩悩を意味している。煩悩が心に付着しているから、鏡についている塵を払っていくように、煩悩を取り除くことが修行であるというのである。このたとえから考えるならば、心はもともと清浄であるが、さまざまな煩悩の塵が付着して覆っているために、心の明るさが曇り、物事を正しく見ることができなくなっている、という意味になる。

ただ、注意すべきことは、比喩はあくまで比喩であり、本当に伝えたいことをわかり易く説明するために使われる手段であるという点である。その手段にこだわってしまうと、本来の目的から大きく逸脱してしまう恐れがある。手段の目的化もまた非常に危険なのである。であるから、清浄な心をきれいな鏡にたとえて、それを固定的にとらえて、そのようなものがあると考えた場合には、やはりそれも「形のないものである」として否定されなくてはならない。

もう一つ、鏡をたとえに用いて、修行のあり方を説明している例を紹介しておこう。八世紀ころ、中国禅宗の第五祖である弘忍は、彼の後継者を選ぶにあたって、弟子たちに修行で得た自分の心境を、詩に託して公表するようにと言った。弟子のなかでは第一人者とされ、多くの尊敬を受けていた神秀は次のような詩を作り発表した。

身はこれ菩提樹、心は明鏡台の如し。時々に払拭して塵埃を惹かしむなかれ
（身体は、これ悟りの樹のようなもので、心は磨きあげた鏡のようである。日々時々に、怠らずに磨きなさい、決して塵が一つもつかないように）。

この詩は、心が煩悩の汚れで曇っているから、精進努力してその汚れを払拭していかなくてはならない、とうたったものである。これを見た弟子たちは、神秀が後任に選ばれると思っていた。しかし、米搗きであった慧能が次のような詩を公表した。

菩提、本樹にあらず、明境また、台にあらず。本来無一物、何れのところにか

塵埃を惹かん（もともと、悟りの本体はない。また、磨きあげられた本体もない。もともと、なんにもない。どこに塵がつくところがあろうか）。

悟りというものは人間の作りあげた観念であり、実体あるものではない、心や煩悩もまた実体があるわけではない、したがって煩悩を払えば悟りが現れるというが、両方とも実体のないものなのに、どのようにして払うのか、という意味である。

結果的に、この詩を作った慧能が後任者に選ばれ、中国禅宗の第六祖と呼ばれることになったという。ただ、この話は、慧能の後継者である神会が作ったものだという。つまり、神会が、自分の師である慧能の教えのほうが、正しい系統に属することを主張するために、虚偽の物語を作りだしたのであろうと考えられている。

『四十二章経』の「十一章」の内容に関して、述べておかなくてはならないことがもう一つある。それは、本文中にある「前世のことを知る」という文句である。質問者は、どうすれば悟りを得られるのかと尋ねると同時に、どうすれば前世のことを知ることができるかを問うている。

前世のことを知るとは原文で「宿命」とある。日常語で宿命という語は「さけることも変えることもできない運命的なもの」という意味で使われている。ただ、仏教用語としては、「しゅくみょう」とよみ、「前世の生涯・過去世の生活」という意味である。ここでいう「前世のことを知る」とは、仏教経典ではしばしば現れる神通力の一つ「宿命通」のことを指していると思われる。「神通」とは超人間的な力のことで、修行者が禅定などを修めて得られるといわれる。一般には六神通といい、次の六種類の力をいう。

①　神足通　空中を飛行したり、身体を思いどおりに変えたりする力。
②　天耳通　普通は聞けないような小さな音でも聞くことのできる力。
③　他心通　他人の心を知る力。他人の考えていることを知る力。
④　宿命通　自分および他人の過去世の状態や運命を知る力。
⑤　天眼通　人の未来を知る力。あらゆるものを見通す能力。
⑥　漏尽通　煩悩（漏）がまったく滅尽したことを知る力。

修行をかさね、並はずれた集中力を身につけた者には、普通の人には異常と思えるほどの能力が身に付くことは想像できる。普通の人とブッダを比べると、ブッダの智慧・能力が非常にすぐれているので、それが超人間的で不思議な力と映るかもしれない。こういったことから考えると、経典に言及されている神通力は、事実を伝えている部分もあるかもしれない。

しかし、たとえば空を飛ぶとか、変身するといった例は、まったく現実的ではなく、その表現のなかには、想像や空想が作りあげた要素も多く含まれていると言わなくてはならない。神通には「事実」と「空想」が入り混じっている。そして、それに釈尊やすぐれた弟子たちの偉大性を強調する神格化の影響や、経典製作者が好む文学的表現の影響などが加わり、仏教における神通は形作られていったのではないだろうか。ただ、釈尊はこのような神通力を用いることは、身の危険や教化のためにやむをえない場合を除いて、きびしく禁止していたということも忘れてはならない。

第十二章　道を修めるうえで大事なこと

次のように釈尊は説かれた。

善い行いとは何であるか。それはひたすらブッダへの道を修めることである。

「それではその中で」最もすぐれていること（最大）とは何であるか。それは志が修める道と一つになることである。

最もすぐれている力（多力）とは何であるか。忍辱が最もすぐれた力である。耐え忍ぶものは相手を怨む心がなく、必ず相手に尊敬されることになる。

最も明るいこと（最明）とは何であるか。それは、心の垢を除いて、悪いことはせず、心は清浄で濁りなく、また、この世が始まることのなかった昔より今日に至るまで、十方のすべてのことに、知らないものはなく、見ないものもなく、聞かないものもない、そのようなすべてを知る智慧（一切智）を得ること、それを「最も明るいこと」といってもよいであろう。

ここでは、まず、善い行いとは、「道を行ずること」であるという。すなわち、ブッダの教えを聞いて、それを実践していくことが善であると教える。そして、ブッダへの道を進んでいくに際して、特に大切な点を「最大」「多力」「最明」の三つの観点から説明する。

まず、「最大」についていう。大とは、原語でマハー（mahā）といい「大きい」「すぐれている」の意味で、漢訳では発音で「摩訶」と訳す。すなわち、ここで「最大」とは「最もすぐれていること」であり、それは何かを説明して「それは志が修める道と一つになることが最もすぐれている」（志、道と合うは大なり）という。

「志」とは心の赴く所という意味で、一般には「目的」「意志」のことであるが、この脈絡においては、正しい道を修行しようという思い、宗教的な求道心のことである。ブッダとなるさとりを求める心ともいえよう。仏教の用語では「菩提心」と呼ばれる。そのような意味の「志」が「ブッダとなるための修行」と一つになることが最もすぐれているという。志すのは私自身であり、修行するのも私自身である。そんな私自身と仏道が別々にあるときはまだ本当ではない。

次に、「多力」をあげる。多力とは「最も力強いこと」の意味である。「力」は原語でバラ（bala）といい、「はたらき、能力、機能」などの意味で使われる。ここでは、仏道の修行において最も力強いこと、つまり、修行をささえる原動力となるもの、それは「忍辱」であるという。忍辱とは、耐え忍ぶこと、堪忍することであり、どのような苦難や侮蔑や迫害に対してでも、へこたれずに耐え忍び、怒らず、心を動かされることなく、本来の目的であるブッダへの道をひたすら進みつづけることをいう。

修行を続けるうちには、いろいろな苦難に出会うであろう。寒さ、暑さ、風雨、飢え、そしてときには他の人（異教徒など）から罵られることもあるかもしれない。それらさまざまな苦難に耐える完璧な忍耐を「忍辱」といっている。『増支部経典』（第三巻　二五四頁）では、耐え忍ぶことには五つの徳があるとして、①多くの人に愛される、②多くの人を喜ばせて、そして気に入られる、③敵をつくることが少ない、④過失を犯すことが少ない、⑤迷い乱れることなく死後には天界に生まれる、といっている。

ただ、忍辱と我慢は異なる。現在の日本語では、「我慢」は耐え忍ぶことの意味で、一般には好ましいこととされている。しかし、本来「我慢」という語は仏教語であり、煩悩の一種を表す言葉であった。それがのちに転じてよい意味で使われるようになったらしい。煩悩の意味での「我慢」は、自分に執着する慢心をいい、自分のことだけを考え、自分のことだけを基準にして行動し、一方では他人をさげすむことである。

「第十二章」に説かれる忍辱は、自分中心の我慢とは異なり、たとえ相手に危害を加えられても、「このやろう」とか「おぼえていろ」といった怒りや見返しの気持ちを含んでいない。それは「いつか仕返しをしてやる、それまでは我慢する」といったものではない。危害を加えたり侮辱したりする人を、軽蔑することなく、それによって心を動かされることなく、逆に相手のことをあわれみの心をもってみるのが本当の忍辱といえよう。

何があっても耐えて動じることのない人は、怒ることもなく、最強の人といえるだろう。たとえば、『仏遺教経』では次のように述べている。

忍辱の徳というのは、戒を保つことや苦行も及ばないほどである。よく忍辱を守ることのできる人は、本当に力のある立派な人（有力の大人）といえよう。

（大正蔵 第一二巻 一一一一頁中）

次に、最明とは、「最も明るいこと」の意味である。このうち「明」の原語は、サンスクリット語でヴィドゥヤー、パーリ語ではヴィッジャーといい、「知ること、知識、明らかにはっきりしていること」などの意味をもつ。愚かさの闇を照らして、真理をさとる智慧のことをいう。「明」の反対は「無明」といい、正しい智慧のないことで、それは苦悩や不幸の根本的な原因の一つであるとされている。

最も明るいことを説明して、それは心の垢を除き、清い心になり、そして「一切智を得ること」であるという。一切智とは、仏教では重要な用語で、すべてのことを知り尽くしている智慧、この世間で知らないことは何もないという智慧のことである。ブッダは一切智者と呼ばれている。ここでは「すべてのこと」を言い表すために、時間的に限りがないことを「この世が始まることのなかった昔より、今日に至るまで」といい、空間的に限りがないことを「十方」と表現している。十方とは東・西・南・北、東南・西南・西北・東北、上・下の十の方向で、あらゆる空間にわたってという意味である。

すべてを知っているから、弟子を導くときにも、弟子の能力に応じて適切なアドバイスができるのである。応病与薬(おうびょうよやく)の救済である。紀元前二世紀後半に西北インドを支配していたギリシャ人のミリンダ王と、仏教僧ナーガセーナとの問答集である『ミリンダ王の問い』という文献がある。そこには、すべての種類の医薬品を知り尽くしている医者が、患者の病気の種類や重さに応じて最も適している薬を処方するのと同様に、ブッダもすべてを知っているので、最も適した方法で教えを示して弟子を導くことができると述べられている。

第十三章　愛欲の汚れ

次のように釈尊は説かれた。

人がブッダへの道を見極めることができないのは、愛欲をいだいているからである。それは、濁った水の中に種々な色の絵の具（五彩）を入れてかき混ぜたならば、人がその中をのぞきこんでも、水面に映し出される自分の影を見ることができないのと同じである。愛欲が心の中で入り乱れていると、その人の心は濁ってしまい道をみることができない。水が澄んで、濁りがとり除かれ、清浄で無垢になれば、自然に形が見えてくる。

また、水の入った釜を火にかけてどんどん燃やしたならば、水は沸騰する。さらにその上から釜を布で覆ったならば、誰もその中の姿を見ることができない。

人の心の中には、もとより、［むさぼり、いかり、愚かさの］三つの毒（三毒）がさかんに沸き立っている。さらにその外側を、［むさぼり、いかり、怠け心と眠気、躁鬱、疑いの」五つの煩悩（五蓋）で覆っていれば、道をみることはできない。

要するに、心の汚れが尽きてなくなれば、人の霊性の由来（魂霊）を、そして生き、死んで行くところを知ることができる。もろもろのブッダたちの住む国土も、ただ「そうした煩悩が除かれ」道理（道徳）が行われているところにすぎないのである。


ブッダへの道を歩み始めたとしても、道の途中にはさまざまな障害があるだろう。たとえば、修行に集中できない、眠くなる、他人から非難されると怒り、憎み、イライラする、悩み悶える。失敗すると落ち込み、反対にうまくいくといい気になる…　さまざまな感情に支配されて、今やるべき大切なことが見えなくなる。人をわき道に誘い込むものの正体は何であろうか。がんばろうとするが、なかなかできない、その心の根底にあるものを深く反省し観察していくとき、煩悩というものに突き当たる。

仏教では、人をわずらわし悩ます心のはたらきを「煩悩」と呼んでいる。煩悩はサン

スクリット語で「クレーシャ（kleśa）」、パーリ語で「キレーサ（kilesa）」といい、「汚すもの」の意味である。つまり、人を惑わし悩ます心の汚れで、真理をみる眼を曇らせて、人を苦悩に陥れる心理作用のすべてを総称していう。

その煩悩の種類は無数といってもよいほどである。初期の仏教では、煩悩は種々な形で雑然と説明されていたが、釈尊が亡くなった後には、弟子たちによってこまかく分析考察され、くわしい分類が試みられていった。そして、これらすべての煩悩を、修行によって除いていくことが必要であるという。

煩悩を比喩的に表現した例もいくつかある。たとえば、悪い行いによって煩悩が生まれて漏れ出るから「漏（ろ）」といい、煩悩が心の中から激流のように流れ出て、人を思わぬ方向に流しさってしまうから「暴流（ぼる）」、ものに執着させて結びつけるから「結（けつ）」、くびきのように拘束するから「軛（やく）」、束縛するから「縛（ばく）」、ものを正しくみる眼を覆うから「蓋（がい）」などと呼ばれ、これらは煩悩の別名とされる。また、人を焼き苦しめるから「火」に喩えられたり、心に突き刺さって苦しみをもたらすために「毒矢」に喩えられたりすることもある。

『四十二章経』「第十三章」では、種々ある煩悩の中から「愛欲（あいよく）」「三毒（さんどく）」「五蓋（ごがい）」をとりあげる。そして、それらが人の心を汚して、正しくみる眼（智慧）を曇らせているために、ブッダへの道を正しく進むことができなくなっていると述べている。

この点をわかりやすくするために、二つの譬喩を用いている。まず、きれいな水ならば、自分の顔が水面に映って見えるが、濁り水ではよく見えない。そのうえ、その濁った水の中に、青・黄・赤・白・黒の絵の具（五彩）を加えてかき混ぜてしまえば、ますます見えなくなってしまう。これと同様に、心の中で愛欲が入り乱れていると、心は濁ってしまいブッダへの道をみることはできないという。「愛欲」とは文字通り解釈すると「愛し欲すること」で、気に入ったものは執着して放したくないという強い欲望である。とくに異性を欲すること、男女間の性的な欲望をさすことも多い。

欲の生じた人は、汚れが漏れ、心が濁っているであろう。もろもろの愛欲に心の妨げられない人は、流れを上る人（迷いの生存の上に出た人）と呼ばれる。
（『ウダーナヴァルガ』二―九）

もう一つの比喩は、沸騰している水の入った釜を、さらに上を布で覆ったならば、誰もその中をのぞきこんで見ることができない。それと同様に、煩悩の沸き立っている心ではブッダへの道をみることなどできないという。ここで沸騰している水は「三毒」をたとえており、布で覆うことは「五蓋」をたとえている。つまり、三毒で沸騰する心をさらに五蓋で覆うというのは、煩悩の上をさらに煩悩で上塗りしている状態といえよう。

「三毒」とはさまざまな煩悩の中でも、もっとも根本的な三つを毒にたとえていう。具体的には貪・瞋・癡の三つで、「貪」とは「むさぼり」のことで、好ましいものに対して強く執着する激しい欲求を意味する。瞋とは「いかり」のことで、腹を立てたりすること。「癡」とは「愚かさ」を意味し、正しい道理がわからないことである。『四十二章経』に限らず、仏教ではたえずこの三毒を離れるべきことを強調する。

次に「五蓋」とは、心を覆う五つの煩悩である。「蓋」とは、心に覆いかぶさって、正しい智慧を求めるはたらきに蓋をしてしまうという意味であり、それに五つあるとして、「貪・瞋・惛眠（睡眠ともいう）・掉悔・疑」をあげる。この中で、惛眠とは心が不活発で、意識のぼんやりしている状態で、怠け心や眠気などをいう。掉悔とは心が高ぶり浮ついた状態、また反対に後悔して落ちこむこと、つまり躁鬱の意味。疑とは、疑い深いことで、正しい教え・真理を信じないことである。

> 五つの覆い（五蓋）を捨てて、悩むことなく、疑惑を超え、煩悩の矢を抜き去った修行者は、この世とかの世をともに捨てる。蛇が脱皮して古い皮を捨て去るようなものである。（『スッタニパータ』一七）

『長部経典』の「テーヴィッジャ経」では、河を渡ることを、迷いの世界から悟りの世界に赴くことに喩えて、次のような説明をしている。以下、そこに説かれている内容を要約して示そう。

河があり、一人の男が向こう岸に用事があって、河を渡ろうと望んだとしよう。ところが、彼は頭からすっぽりと衣を被って横になっていたとしたら、その人はこちら岸から向こう岸に渡ることはできない。それと同じように、聖者の戒律において五つの心を覆うものがある。その五つとは、むさぼり、いかり、怠け心と眠気、浮ついた心と悔やむ心（躁鬱）、真理において疑うことである。このように五つの覆いは、聖者の戒律の実践を妨げる障害である。

ここで河を渡るというのは、苦しみに満ちたこちら岸から、悟りの世界である向こう岸に渡るということで、それはブッダへの道を歩むことといってもよい。その修行を妨げるものとして、五つの煩悩がここでは取りあげられているといえよう。

メガネが曇っていては物事をはっきりと見ることはできない。その時は、まずメガネが曇っていることを知り、その曇りをきれいにふき取ることが必要なのだ。そうすれば、すべてははっきりと見えてくる。以上あげたような煩悩、つまり心の汚れが尽きてなくなれば、おのずとブッダの教えが自分のものとなって、ついには悟りを開くことができるという。

第十四章　無明の闇・智慧の光

次のように釈尊は説かれた。

ブッダへの道を修行する者は、たとえば真っ暗な部屋のなかへ松明（たいまつ）の灯りをもって入るようなものだ。その時、たちまち暗闇はなくなり、明るさだけに満たされる。

ブッダの教えを学んで、真理（諦（まこと））をみるならば、無知（愚痴（ぐち））はすべてなくなり、知らないことがなくなる。

「第十四章」では、智慧を灯りにたとえ、無知ゆえに物事を正しく見ることができない心を、暗い部屋にたとえている。「灯りをもって暗い部屋に入る」とは、無知の暗闇に智慧の光を照らすことである。それはブッダの教えを実践することで智慧を得て、その智慧によって無知をなくして、悟りの境地にいたることを意味している。

暗闇のなかでは、どこに何があるのか、また自分がどこに居るのかさえ、まったくわからない。しかし、そこに灯りをつけてみると、まわりの情況がはっきりと見えてくる。そこには、知らずに近づくとつまずく恐れのある障害物や、触れると危険なものがあるかもしれない。また逆に、確実で安全な道が近くにあることを発見するかもしれない。暗闇を照らす灯りにたとえられている「智慧」は、仏教では特に重要な用語である。修行とは智慧を得ることによって無知を克服していくことともいえる。

「智慧」に相当する原語は多い。代表的なものとして、「般若（はんにゃ）」と音写される「プラジユニャー（パンニャ）」、「明（みょう）」と訳される「ヴィドヤー（ヴィッジャー）」などがある。それは、「物事を正しく見て、真実を見極め、悟りを成就するはたらき」であるとされ、その智慧によって諸々の煩悩は滅ぼされるという。

智慧が煩悩を滅ぼすはたらきは、いろいろな比喩を用いて説明されている。たとえば、無明の闇を破る光、煩悩で苦しむ人を照らす光明などにたとえられる。「第十四章」でも、智慧を松明の光にたとえているのである。日が昇ると一切の暗闇がすべて除かれることから、智慧を太陽の光にたとえる例もある。智慧という太陽が昇ると、煩悩の闇は共に存在することができない。その他、智慧は煩悩を打ち砕く武器に喩えられたり、心の汚れを洗い流す水に喩えられたりすることもある。

どうして笑いがあろうか。どうして歓びがあろうか。世間は常に燃え立っているのに。あなたたちは暗黒に覆われている。どうして灯明を求めないのか。(『ダンマパダ』一四六)

この身体は水瓶のように脆いものだと知って、この心を城のように堅固に確立して、智慧の武器によって、悪魔と戦え。勝ち得たものを守れ。それに執着することなしに。(『ダンマパダ』四十)

正しく観察しないという風に、吹かれて激しく燃えている火をも、彼の正しく観察するという雨は、残りなく滅し尽くしてしまう。人々が起こした無明の闇も、もし智慧の灯火を起こせば、完全に滅し尽くされてしまう。(『正法念処経』巻五十、大正蔵 第一七巻 二九七頁下)

実智慧は則ちこれ老病死の海を度る堅牢な船なり。また是れ無明暗黒の大明灯なり。一切の病者の良薬なり。煩悩の樹を伐る利斧なり。(真実の智慧は、老病死の苦しみの海を渡る頑丈な船である。また、無明の闇のなかで苦しむ人にとっての大いなる灯明である。煩悩の毒のために病んでいる人にとっての良薬である。煩悩という樹を切り倒すための鋭利な斧である。『仏遺教経』大正蔵 第

二巻 一一二頁上）

智慧のあるブッダは、その教えの灯明によって暗闇で苦しむ人々を照らす人である。仏教経典で好んで用いられる、次のような定型表現ともいえる文句がある。それは、釈尊が教えを説いた時に、それによって悩みを解決し苦しみを除くことのできた人が、釈尊の偉大さをほめたたえて、帰依を表明するという脈絡において用いられている。

すばらしいことです、ゴータマさま。すばらしいことです、ゴータマさま。たとえば、倒れたものを起こすように、覆われているものを開くように、方角に迷っている者に道を教えるように、あるいは「眼ある人々は色や形を見るであろう」といって暗闇のなかで灯火をかかげるように、まさにそれと同じように、ゴータマさまは種々のしかたで真理を説き明かされました。

『四十二章経』の本文では、暗闇のなかに灯火をもって入るというたとえを述べたあと、「道を学んで、真理を見るならば、愚癡はすべて消えてしまう」という。ここで用いられている「愚痴（ぐち）」という言葉は、一般には「言っても仕方がないことを、あれこれとしゃべり嘆くこと」の意味で使われるが、仏教用語としては「愚かで物の道理を知らないこと」を意味する。愚痴は、貪瞋癡の三毒の一つである「癡」にあたり、苦しみの根本原因の一つである。また「無明（むみょう）」といっても同じ意味である（ちなみに、異本の守遂本（しゅすいぼん）『四十二章経』ではこの個所は「無明」という語を用いている）。

無明こそ最大の汚れである、比丘たちよ、この汚れを捨て去り、汚れなき者となれ。（『ダンマパダ』二四三）

ここに無明は滅ぼされ、智慧が生じたのである。闇は滅ぼされ、光が生じたのである。（『中部経典（ちゅうぶきょうてん）』第一巻二二頁）

無明の原語は「アヴィドゥヤー（アヴィッジャー）」で、「知らない」という意味である。「無知」といってもよい。では、何を知らないことか。それは真理を知らないことという。仏道の修行においてはブッダの教えを正しく知らないことになる。

「無知」の語が意味する内容の歴史的な変化に関して、中村元博士は「無知（無明avidyā）という語は、もとは「知らない」というだけの意味であったが、のちには、単に「知識の欠如」にとどまらず、積極的に「誤った知識」あるいは「根源的無知」を意味する特殊な術語となった」（『原始仏教の思想』II、春秋社、五二二頁）と解説している。

第十五章　つねに道を忘れない

次のように釈尊は説かれた。

私がいつも何を念じているかといえば、ただブッダへの道を念じている。私がいつも何を行なっているかといえば、ただブッダへの道を修している。私がいつも何を話しているかといえば、ただブッダへの道について話している。私は、少しの間でもおろそかにすることなく、ブッダの真理への道（諦道（たいどう））を忘れることはない。

こころでも、行為でも、言葉でも、すべてにおいてブッダへの道を忘れないこと、少しの時間もおろそかにせずブッダへの道を歩むこと、このような態度で修行に専念することが大切であると「第十五章」は教えている。

最初にある「念じる」の「念」という語は、原語のスムリティ（サティ）の訳語として用いられることが多く、心に思うこと、記憶して忘れないことを意味する。つまり、ブッダへの道をいつも忘れることなく心に思い続けることをいう。日常の生活のすべてにおいて、いつも忘れることなく、そして怠ることなく、ブッダの教えを実践していくことが重要であるという。

仏弟子たちのなかでも、実際に釈尊と会うことのできない人たちもいたであろう。たとえば、釈尊から遠く離れたところに住んでいた人、年老いて体力が衰えた人などもいたにちがいない。原始経典の一つ『スッタニパータ』によると、ピンギヤという弟子が「私は、もう年老いて、力も衰えました。ですから、わたし自身はそこへ〔釈尊のいるところ〕へ行くことはできません」という。しかし、さらに続けて彼はいう、「思いをはせて、常にそこへ行くのです。私の心は、彼と結びついているのです」と。また、ピンギヤは次のようにも述べている。

信仰と、喜びと、意（こころ）と、念（おもい）とが、わたくしを、ゴータマの教えから離れさせません。どちらの方角でも、智慧の豊かな方のおもむかれる方向に、わたくしは向いているのです。（『スッタニパータ』一一四三）

大切なのは、ブッダの教えを忘れることなく、実践していくことである。これは釈尊の亡くなった後に、ブッダの道を歩もうとする人についてもいえることである。釈尊が亡くなる前に遺した言葉は「すべては無常である。怠ることなく実践し、それを完成しなさい」（『マハーパリニッバーナ経』）であった。この言葉は、ブッダへの道を歩む者に対しての釈尊からのメッセージと言ってもよい。それは、「第十五章」で伝えようとする内容と同趣旨といえよう。怠けずに努力精進することは、仏教の歴史をとおして、くり返し説かれている重要な教訓である。

> 道に思いをこらし、堪え忍ぶことつよく、つねに奮励し、安らぎに達する。これは無上の幸福である。（『ダンマパダ』二三）

> これら賢者たちは、多かろうと少なかろうと、一日のうちの時間を、むだに過ごしてはならない。一夜を無益に捨てるならば、それだけあなたの生命は減ずるのである。（『テーラガーター』四五一）

> 謹（つつし）んで参玄（さんげん）の人にもうす、光陰虚（こういんむな）しく度（わた）ることなかれ（仏教修行者につつしんで申し上げます、決して無駄に時間を過ごしてはなりません）。（『参同契（さんどうかい）』）

原始経典には、次のような話がある。

ある時、弟子たちが食事の後に、集会場に集まって雑談していた。マガダ国のビンビサーラ王とコーサラ国のパセーナディ王とではどちらが裕福だろうか、どちらの領土が大きいだろうか、戦車の数はどちらが多いだろうか、いったいどちらが強いだろうか、そのような話題に関して、弟子たちはお互い世間話をしていたという。そこで、このことを知った釈尊は弟子たちに「比丘らよ、あなた方が集まったときにすべきことは、教えに関しての話か、尊い沈黙か、この二つだけである」と言って戒めている。

怠けることなく、勤め励むことを「精進」という。「第十五章」で説くところも「精進」の重要性を説明しているともいえる。原語は「ヴィールヤ（ヴィリヤ）」で「努力・精勤・勇気」の意味である。一般にも、精を出して努力するという意味で用いられており、日常生活においても、精進することは、きわめて大切なことである。

原始仏教の代表的な修行方法として知られる八聖道（八つの部分からなる聖なる道）や、大乗仏教で説かれる菩薩の実践徳目としての六波羅蜜（布施・持戒・忍辱・精進・禅定・智慧）のなかにも「精進」の項目は含まれている。このことからも精進は非常に重要な教えであることがうかがえる。

たとえば、八聖道のなかには、正精進（正しい努力）があるが、経典ではこの「正しい努力」が四つの方面から説明されている。つまり、①いまだ存在しない善いことに対しては、これを得るように努力すること、②いま存在する悪いことに関しては、これを減少またはなくするように努力すること、③いまだ起こっていない悪いことに対しては、今後これを起こさないように努力すること、④いますでにある善いことはますます増大させ、完全なものとするために努力すること、の四つである。この四つの点から努力するならば、必ず悪いことは減り、善いことは増えていき、いつか、必ず、目的に達することができるという。

『仏遺教経』では、精進し続けることの威力を次のように述べている。

> 若し勤めて精進すれば、即ち事として難き者無し。是の故に汝等当に勤めて精進すべし。譬えば小水も常に流るる時は、則ち能く石を穿つが如し（もし怠けずに努力すれば、どんなことでもできないことはない。だから精進して努力することが大切だ。たとえれば、わずかな水でも休むことなく常に流れることによって、堅い石にも穴をあけることができるようなものである。（『仏遺教経』大正蔵 第一二巻 一一一一頁下）

『仏遺教経』では、このあと、仏道を修める者が怠けて、修行をやめてしまえば、道を完成することはできないと述べる。そして、それは木と木をこすり合わせて火を起こそうとするときに、まだ摩擦によって生じる熱が十分でないのに、こすり合わせることをやめてしまえば、火を起こすことはできないのと同じである、と言っている。

中国明代の人、洪自誠の著した人生指南の書である『菜根譚』にも、同様のことが記されている。

縄鋸に木も断たれ、水滴に石も穿たる。道を学ぶ者は、須らく力策を加うべし（つるべの縄によって久しいあいだ、井げたがこすられていると、のこぎりのように木も切られるし、水のしたたりによって、石も穴をあけられる。このように道を学ぶ人は、その道を求め続けるようにしなければならない）。〔『菜根譚』中村璋八・石川力山訳注 講談社学術文庫、による〕

怠らずに勤めはげむという教えの根底には、すべては無常であるという事実の認識がある。すべては無常である、確実に死が迫っているから、怠けている暇はないという。そして、この無常の教えは、次の「第十六章」のテーマである。

第十六章　無常をみる

次のように釈尊は説かれた。

天地を見て非常と想い、山や川を見て非常と想い、万物の盛んな躍動を見て非常と想い、そのことによって、執着する心をもたなければ、早いうちに悟りの境地を得るであろう。


この章のテーマは「非常」である。非常という言葉は、一般には、程度が普通とははなはだしく異なっている場合や、予測不可能な出来事を表す意味で使われている。ただ、仏教語としては「移り変わって、少しもとどまらない」ことを意味する。経典では「無常」という語の方が好んで用いられているが、その意味するところは同じと言えよう。

「天地」や「山川」はいつも変わらぬように存在して、悠久のように思うかもしれない。

しかし、よく観察して見れば、それらは常住不変なものではなく、無常なものである。そのことを正しく観察して知ることが必要だといい、また万物の盛んな躍動を見ては、すべて無常であると確認することが大事だという。

「三法印」という言葉がある。仏教の教えの特徴を示す三つのしるしということで、この三つの条件が具わっていれば、その教えは正しい仏教であるとみなされる。また仏教を他の宗教や哲学から区別する標識でもある。その三つとは、諸行無常（あらゆる存在はすべて無常である）、諸法無我（あらゆる存在はすべて永遠不滅のものではない）、涅槃寂静（煩悩のなくなった悟りの境地は静かな安らぎである）をいう。これら三つに、すべてのものは苦であるという「一切皆苦」を加えて「四法印」とすることもある。「第十六章」では、このなかの「諸行無常」を中心に述べていると言えよう。

自分を含めこの世のものは、すべてもろもろの因縁によってつくられている。因とは直接的な原因、縁とは間接的な原因をいう。すべてのものは、つねに変化していて、ひと時も同じ状態にとどまることはない。それは宇宙と人生をつらぬく真理といってもよい。

> もろもろのつくられたものは無常であり、生じては滅びる性質のものである。生じては滅びる。これらの静まることが安楽である。（『マハーパリニッバーナ経』六—一〇）

物事が生じて、また消え失せることわりを見ないで百年生きるよりも、物事の生じて、また消え失せることわりを見て一日生きるほうがすぐれている。(『ダンマパダ』一一三)

この身は泡沫(水に浮かぶ泡)のようだと知り、かげろうのようなはかない本性のものだと悟ったならば、悪魔の花の矢を断ち切って、死王の見られないところへ行くであろう。(『ダンマパダ』四六)

ただ、一方では、すべては無常であるから、人は修行して自己を高めていけるという面も見逃してはならないだろう。無常であるから、私たちは災害や事故にあったり、病気になったり、老いて死んでいくなどの苦しみを味わうことになるが、その反面、自然の生き生きとした躍動や季節の移り変わりの美しさも見ることができるし、人が成長していくこともできるのである。

咲いた花が散るのも無常だが、つぼみが開き花が咲くこともまた無常である。人と別れるのも無常であるが、人との出会いもまた無常である。そこで、この無常であるという現実とどのように付き合っていくか、無常であるという現実をどう受け止めていくかが問題となってくるのである。

「第十六章」の本文を理解するために大切なことは、「無常」が「執着すること」との関連で説かれているという点である。本文では「非常と思い、そのことによって、執着する心（執心）をもたなければ、早いうちに悟りの境地を得る」というのである。執着は苦しみの根本的な原因とされる。私たちはさまざまなものに執着して、それらがいつまでも変わらないことを欲し、またいつまでも変わらないと思い込む。しかし、現実はすべて無常で、変化している。いつまでも若いままでいたいと願っても、人は老いていく。いのち、若さ、健康、名誉、地位、富、配偶者、親、子供など、どんなものでも同じ状態にとどまっているものはない。そして、執着しているものが、望まない方向へ変化したときに、人は苦しむことになる。執着が強ければ強いほど、苦しみもますます強くなる。

仏教でいう「無常を知る」とは、「すべてはたえず変化している」と客観的に知ることだけを意味するのではない。それ以上に、私たちが執着している事物、さらには私自身が無常であることを知るという意味において説かれている。それは「物が壊れる」という物理的な客観的事実そのものではなく、「私が大切にしている物が壊れる」ということであり、さらには「人間は年老いて死んでいく」という生物学的な客観的事実をいうのではなく、「この私が年老いて死んでいく」という切実な問題として提示されている。

釈尊はクシナーラーで臨終を迎えようとしていたとき、悲しみのあまり泣き崩れていた弟子のアーナンダに対して「やめよ、アーナンダよ、悲しむな、嘆くな、愛する者、好む者ともいつかは別れねばならぬということを、私はかねて教えていたではないか」

（『マハーパリニッバーナ経』五―一四）となぐさめている。

どんなに自分が気に入ったものでも、どんなに美しいものでも、それらはいつまでもそのままの状態でありつづけることはない。仏教が強調するのは、すべては無常であると知り、それを受け止めて、無常であるがゆえに怠らずに努力するということである。『正法眼蔵随聞記』（一―七）には、次のように述べられている。

> 志の到らざる事は、無常を思はざるに依るなり。念々に死去す、畢竟暫くも止らず。暫くも存ぜる間、時光を虚しくすごす事なかれ（志が徹底しないのは、無常ということをよく考えないからである。人は刻々に次々と死んでいっているのである。少しの間も一定な状態にとどまってはいない。生きているわずかの間も、時をむなしくすごすことがあってはならない）。

ただ、忘れてはならないのは、無常を感じて、むなしさ・はかなさの感情に支配されて、感傷的になっているだけでは駄目だということである。この無常感は正しい無常観ではない。この世は無常であるとみて、受け止めて、前向きに努力していく、そのことが無常である現実を克服する唯一の道なのかもしれない。「すべては無常である。怠ることなく実践し、それを完成しなさい」という言葉も、死を前にした釈尊が弟子たちに遺した言葉であった。

第十七章　信じる力

次のように釈尊は説かれた。
毎日の行いにおいて、ブッダの教えを忘れることなく、つねに教えを実践していれば、ついには信（信根）を得ることになる。その功徳はこの上もなく大きいものである。

「第十七章」では信の重要性を説く。ブッダの教えを忘れることなく修めていれば、「信根」を得ることができるという。「信根」とは仏教の修行徳目の一つとして説かれる「五根」のうちの一つである。五根とは、悟りにいたるための五つのすぐれたはたらき・能力という意味であり、次の五つを指していう。

信根（ブッダの説いた教えを、心の底から信じること）
精進根（修行に努力すること）
念根（憶念のことで、つねに心を落ちつけて、気をつけていること）
定根（禅定、心を統一して、動揺させないこと）
慧根（智慧のことで、真理をみとおす認識）

これらの五つは、煩悩を抑えて、正しい悟りにおもむかせるすぐれたはたらきがあり、もろもろの善いことを生じさせる根本である。つまり、信じて、精進努力し、仏と教えのことをいつも忘れずに、正しく精神統一を行い、悟りの智慧を得るのである。

「信」の原語はいくつかあるが、「信根」といったときは「シュラッダー（サッダー）」という語が使われる。心が澄んで清らかになる精神作用のことである。具体的には、教えを聞いて修行を始めようと思い、そしてその修行を支えて持続させていくはたらきがあると言えよう。

釈尊の説く「信」とは、心が澄んで、智慧を生じさせるものであり、物事をありのままに見ることができるようになる性質を有するものである。この信は、周囲のことが見えなくなるような盲信や熱狂的信仰とは区別されなくてはならない。

人の心に「信」はどのように生じてくるのだろうか。教えを聞き、それによって強く心を動かされ、その教えと教えを説いてくれた師を信頼して、信じる気持ちが生じるのが信を起こす契機といえよう。ただ、その根底には、教えを聞く人自身の悩みや苦しみへの自覚が必要なことは言うまでもない。

このような「信」が、教えを実践していく過程でさらに強固なものへと発展していき、人が修行をつづけていく確かな力となっていく。釈尊に導かれて、その姿や説法に感動し、信を起こした弟子たちは「私は、聖者のことばを聞いて、ますます信じる心が強くなった」(『スッタニパータ』一一四七)などと感動の気持ちを表明している。

弟子たちは釈尊と出会い、その教えを聞いて引かれるものを感じ取り、また、釈尊の人格に感動し、信じる気持ちが生じてくる。そして、しだいに心は澄んでいき、進むべき道を見出すことができた喜びの気持ちに満たされていく。ブッダへの道を進むものは、その信じる心に支えられて、修行を続けることができる。修行の過程にはさまざまな困難があるだろうが、信はそれらに耐えて、修行を持続させる大きな力なのである。

人は信によって激流を渡り、怠らず勤めることによって「迷いの」海を渡る。努力して苦しみを克服し、智慧によって、「心は」清らかになる。(『スッタニパータ』一八四)

信はブッダへの道において第一歩ともいえよう。五根において「信」が最初におかれているのは、信は修行の出発点だからとも言える。また、信の心を起こすことで得られる功徳は大きいという。たとえば、『ウダーナヴァルガ』（一〇―一一）では次のようにいう。

> 信心の深い人は、人生の旅路においての糧を手に入れる。それは盗賊も奪いとることのできない功徳である。盗賊が奪い去るのを防ぐ。功徳をともなう修行者たちは、人々に愛される。修行者たちが来たのを見ては、賢い人々は喜んで迎える。

また、『華厳経』（実叉難陀訳　大正蔵　第九巻　四三三頁上）でも、「信は道元にして功徳の母となす」（ブッダへの道において、信は修行の根幹であり、功徳の母でもある）と述べ、信の大切さと、その功徳が大きいことを説いている。

それでは、その信の対象はなんであろうか。基本的には、ブッダとしての釈尊、釈尊が説いたブッダの真理を信じることである。釈尊に帰依して在家信者になることを表明したある商人は、次のように言う。「尊いかたよ、こうして私たちは世尊と教えとに帰依します。世尊よ、私たちを在家信者としてお認めください。今日から命の終わるまで帰依します」と（『律蔵』マハーヴァッガ　一―四）。

しかし、仏教の教団が成立してくると、教団としてのサンガ（修行者たちの集い、僧・僧伽と訳す）に対する信も強調されるようになってくる。ブッダと、ブッダの教えと、その教えを実践する人たちの「三宝」（仏法僧の三宝という）に帰依することが、仏教の信の中心であると説かれるようになるのである。たとえば、『ダンマパダ』（一九〇）では、次のように述べている。

悟りを開いたブッダと、ブッダの説いた教えと、サンガ（教団）に帰依する人は、正しい智慧によって、四つの尊い真理を見る。すなわち、苦しみと、苦しみの成り立ちと、苦しみの克服と、苦しみを滅するための八つの正しい道（八正道）を見る。

ブッダと教えと教団とに帰依することを「三帰依」という。スリランカやタイなどで信仰されている伝統的な南伝仏教では、パーリ語で「私はブッダに帰依します、私は教えに帰依します、私はサンガに帰依します」（ブッダム　サラナム　ガッチャーミ、ダンマム　サラナム　ガッチャーミ、サンガム　サラナム　ガッチャーミ）と唱えられている。

日本仏教においても、三宝への帰依は強調され、「南無帰依仏、南無帰依法、南無帰依僧」と慣用句として唱えられている。そのもとの形は、『華厳経』（実叉難陀訳　大正蔵第九巻　四三〇頁下―四三一頁上）にある次のような文句である。

自ら仏に帰せば当に願うべし、衆生は大道を体解して無上の意を発さんと。自ら法に帰せば当に願うべし、衆生は深く経蔵に入りて智慧海のごとくならんと。自ら僧に帰せば当に願うべし、衆生は大衆を統理して、一切無碍ならんと（仏に帰依するときは、人々がすべてブッダの道を体得して、悟りを求める心を起こしてほしいと願うべきである。教えに帰依するときには、人々がすべてブッダの教えの蔵に深く入り、智慧が海のようにはてしなく広がってほしいと願うべきである。また、サンガに帰依するときには、人々がすべてまとまって何の妨げもない状態になってほしいと願うべきである）。

南無とは原語の「ナマス」を発音で訳したことばで、身をかがめて敬意を表す意味である。現在のインドでも、挨拶する場合は、手を合わせて「ナマステー」（「テー」とは「あなたに」という意味）というのが普通である。すなわち、相手に敬意を表すのである。

第十八章　身体は幻のようなもの

次のように釈尊は説かれた。

自分の身体は、[地・水・火・風]の四つの要素（四大）からできていることを、よくよく忘れないようにしなければならない。

[要素が集まってできている]自分に名前をつけているが、[このように名前がついているものは]もともとは無かったものである。私という存在はいろいろな要素が集まって生じたもので、それは遅かれ早かれ死んでいくのである。あたかもそれは幻のようなものである。

地・水・火・風の四つは「四大」（四大要素の意味）とよばれ、インドでは身体を構成する要素と考えられていた。この考え方は、釈尊の時代にすでに流行していたものであり、仏教はそれを取り入れたといえよう。地とは堅さを本質とし、水は湿りけを本質とし、火は熱さを本質とし、風は動きを本質としているとされる。

人の身体や世界を構成する要素は何かということは、古くから多くの哲学者たちにとっての興味ある問題であった。たとえば、ギリシャでは、エンペドクレースが、水・土・空気・火の四つの元素から自然界は構成されていると主張した。

インドでは釈尊の時代にアジタという思想家が、身体は地・水・火・風の四つの要素からできているという唯物論的な考えを述べている。彼は身体が壊滅したら、それぞれの要素は自然界に帰るので、死後は何も残らないと考え、善や悪もなく、それらの果報もないと説いた。この考えは、現世においてできるだけ楽しんだほうがよいという快楽主義でもあった。また、パクダという思想家は、それら四つに、精神的な要素としての楽、苦、霊魂という三要素を加えて七要素説を主張した。

『四十二章経』「第十八章」では、身体は四つの要素からなるという考えを用いて、「自分の身体は、地・水・火・風の四つの要素からなる」と観察することを勧めている。私たちの身体をよく観察してみれば、いろいろな要素（地水火風）が合わさってできていて、その「合わさってできているもの」に対して、仮に名前をつけているだけである。しかし、それを成立させている原因がなくなり、要素がバラバラになったならば、身体もまた無くなってしまう。すなわち、身体は永遠不滅なものとして存在するのではないというのである。

他の経典では、より具体的に、人の身体は細かな部分から構成されているにすぎないことを説いている。いくつか例をみてみよう。『中部経典』（第一巻 一九〇頁）では、次のようにいう。

> たとえば、木材によって、また蔓によって、また草によって、また土によって、虚空が囲まれたならば、〈家〉とよばれるようなものである。ちょうど同様に、骨によって、また筋によって、また肉によって、また皮膚によって、虚空が囲まれたならば、身体とよばれるようになる。

また、『ミリンダ王の問い』（二五頁―二八頁）では、より詳しく、私たちの身体はさまざまな部分から成り立っているということを、車を例にして説明している。ナーガセーナはミリンダ王に対して、さまざまな部品に縁って作られたものを「車」と呼んでいることを確認した後、次のようにいう。

> それと同様に、私にとっても、髪によって、身毛によって、爪によって …肉によって、皮膚によって、筋によって、骨によって、骨髄によって、腎臓に

よって、心臓によって　…　物質的存在によって、感受作用によって、表象作用によって、意志作用によって、識別作用によって、「ナーガセーナ」という名称・呼称・仮名・通称・たんなる名前がおこるのです。しかしながら、ほんとうの意味においては、ここに実体的な「人」というものは存在しないのです。

では、このように身体を諸要素が集まって成立している、と見ることの意義は何であろうか。経典では、なぜこれほどまでに強調して説くのだろうか。それは、身体、さらにはすべてのものを、執着して固定的に考えることが間違いであると気付かせようとしているからである。いつまでも変わらない恒常的なものはない、〈私〉という実体的なものは存在しない、ということを教えようとしているのである。

人は自分自身の中核となる永遠の実体のようなもの（たとえば霊魂など）を想定して、それに執着している。その執着が苦しみの原因だと仏教では考える。自分自身を四つの要素などに分析して観察してみれば、どこにも永遠なる実体などはないことがわかってくる。存在を諸要素に分析してみるのは、分析そのものが目的なのではない。分析してみることを通して、人が抱いている誤った見解や執着に気付かせ、そこから解放させること、それが本来の目的だといえよう。

単にことばで表されたものをみて、ことばで表されたものに執着し実体的に見る人々は、ことばで表されたものの本質をよく知らないで、死神の束縛に近づく。しかし、…　真実の理法に住する人は、ことばに関わりながら、ことばにとらわれない。（『イティヴッタカ』六三）

「第十七章」では、そのように諸要素が集まってできている身体は、あたかも「幻のようなものにすぎない」という。このような教えは、他の経典でも説くところである。たとえば、『相応部経典』の「泡沫」と題される経典では、人の存在は、泡・かげろう・樹芯をもたない芭蕉の木・魔法使いの魔法のようなもので、そこに永遠なる実体や本体などはないことを述べている。また、『ダンマパダ』（一七〇―一七一）でも、次のようにいう。

世の中を泡沫のように見よ。世の中をかげろうのようにみよ。世の中をこのようにみる人は、死王も彼を見ることがない。

さあ、この世間を見よ、王者の車のように美麗である。愚者はそこに耽溺するが、心ある人はそれに執着することはない。

ただ、前の「第十八章」でみた無常観と同じように、本章においても、ただ存在は幻のようだといって、はかなさを感じて感傷に浸ることを勧めているのではない。そのように本体がなく、いつかは滅びるものだという事実を正しく知らなくてはならないというのだ。自分の身体も、いろいろな縁で今の状態があるのだから、しばらくの間の仮の姿であることをよく知って、粗末にせず、時間を無駄してはならないという。

第十九章　名声を求めて身を滅ぼす

次のように釈尊は説かれた。

人が欲望のままに名声を求めることは、ちょうど、香をたけば、まわりの人々はよい香りをかぐことができるけれども、香は［自らを］焼き尽くして香りを漂わせているようなものである。愚かな人は世間の名声を求め貪って、正しい道を守ろうとしない。名声は自分の身を滅ぼす禍である。後になって必ず後悔することになる。

よい評判がたつとうれしい。名誉なことだとありがたがる。これは人の普通の心情であろう。まわりから誉めてもらいたい、有名になりたい、名声を得たい、そんな気持ちが人を駆り立てて、さらによい仕事をさせる原動力となることもある。初心者にとっては修行のはげみともなるだろう。釈尊も人からよい評判を得ることを頭から否定してはいない。

> 信仰があり、徳行がそなわり、名声と繁栄を受けている人は、いかなる地方におもむこうとも、そこで必ず尊敬を受ける。（『ダンマパダ』三〇三）

しかし、名声を求めることが欲望である限りは、終わりがなく、これでもかこれでもかと求めつづけることになる。誉められたい、認められたいという気持ちでいっぱいになる。そして、自分を見失う。その結果、自分を傷つけ、まわりの人々を傷つけてしまう。

『四十二章経』「第十九章」では、人が名声を得ることを目的としている有様を、香が燃えることにたとえている。漂うよい香りは名声である。香は自らを燃やしながらよい香りを漂わせるが、気付いたときには、自分は燃えてなくなり、燃えカスが残っているだけである。同様に、名声や名誉を得ることだけを目的として生活している人は、ほんとうになすべきこと、つまりブッダへの正しい道を修めることを忘れてしまうという。時間はどんどんたってしまい、気付いたときにはすでに死をむかえようとしている。

名声が高くなると、その状態に満足してしまい、思い上がりが生じてくる。さらに大きな名声を得ようとし、ついには名誉欲のとりことなってしまう。いまある名声を失わないようにと心を配り、あくせくする。他人のちょっとした評判で、一喜一憂する。悪い評判がたって名声を失うと、今度は、憂い悲しむことになる。

名声や名誉そのものが悪いといっているのではなく、「欲望のままに名声を求めること」、つまり、名声にとらわれて自分を見失い、名声を得ることだけが生きがいになり、ものを正しく見ることができなくなってしまう、そのことが問題だという。その結果、「正しい道を守ろうとしない」ことになり、ブッダの道を踏み外してしまうことになる。この点で、名声は自分の身を危うくする禍であり、後には後悔することになるという。

修行僧たちの中にも、信者からよい評判を得ようとしたり、どれほど尊敬されているかを気にしたりする者もいたようである。『ダンマパダ』の注釈書には次のような話が残されている。

ある時、チッタという人がマハーナーマという比丘を家に招き、食事を施し、説法をしてもらった。その説法を聞いたチッタは大変感動して、悟りの最初の段階である須陀洹（しゅだおん）の位を得ることができた。そこでチッタは自分のマンゴー林に修行者のための精舎を作り、そこにマハーナーマを招き入れた。しかし、数日後に、サーリプッタとモッガラーナの二人がその精舎にやって来て、チッタに教えを説き、そのことで彼はさらに進んだ阿那含（あなごん）の位に達することができた。次の日、チッタはサーリプッタとモッガラーナの二人を食事に招き、またマハーナーマも招待した。しかし、マハーナーマは二人よりも後に招かれたことに気分を害してしまう。チッタが何度も誘ったにもかかわらず、彼は怒って帰ってしまう。二人への嫉妬から生じる怒りを押さえることのできないマハーナーマは、もうこの精舎にいることはできないと言って、去って行ったという。

このことに関連して、釈尊は次のような詩句を残している。

愚かな者は、むなしい名声を得ようと望むであろう。修行僧らのあいだでは上位を得ようとし、僧房にあっては権力を得ようとし、他人の家に行っては供養を得ようと望むであろう。

「これは、私のしたことである。在家の人々も出家した修行者も、ともにこのことを知れ。およそなすべきこと、なすべからざることについては、私の意に従え」。愚かな者はこのよう言い、欲求と高慢とが高まる。

一つは利得に達する道で、他の一つは安らぎにいたる道である。ブッダの弟子である修行僧はこのことわりを知って、栄誉を喜ばず、孤独の境地にはげむべきである。(『ダンマパダ』七三―七五)

名声を求めることを意識していなくても、正しく精進努力していると、自然によい評判がたち、名声が生じてくることはあるだろう。ただ、そのときが注意するときといえよう。利得を求める道に心を向けるか、安らぎにいたる道に心を向けるか。賢者とは、非難にも賞賛にも動揺することのない人であった。動揺することなく、賢者はひたすら、安らぎにいたる道に心を向けて進んで行くのである。

罵られても、敬礼されても、苦しいときにも、楽しいときにも、私の心は動じることなく確立している。（『テーリーガーター』三八八）

人から非難されても動じないでいることは難しい。しかし、それ以上に、人から誉められて、よい評判が生じてきたときに、心を動かされることなく、生きていくことは難しいといえよう。しかし、釈尊は言う、それができる人が賢者なのだと。

第二十章　財欲と色欲に苦しむ

次のように釈尊は説かれた。

人にとって財欲と色欲というのは、たとえば、子供が刀の刃についた蜜をなめるようなものである。それは、一なめして足らずに、さらに蜜をなめて舌を切り、痛さで苦しむ姿に似ている。

ここでは、人が財欲と色欲とにおぼれる恐ろしさを説いている。財欲とは、財産や物が欲しい、少しでも多くのお金が欲しいという欲望で、主に金銭欲のこと。色欲とは異性を求める性欲のことをいう。これらの欲はここまでという限度がなく、次々と追い求め、ついには、心が欲に支配されてしまうことになる。

財欲や色欲におぼれ、対象を追い求めているさまは、子供が刃物の先についた甘い蜜をなめているようなものだという。それが危険であることも知らずになめていると、そのうちに舌を切って、痛みのあまり苦しむ姿に似ているというのだ。財欲や色欲も、結果的には自分を苦しめ、また、他人をも傷つけることになる。それは現実社会で起っている犯罪や事件をみてもうなずけることだろう。お金ほしさや愛情のもつれなどが原因で、傷害、強盗、殺人、汚職、詐欺などの事件が頻繁に起っている。

> これ「金や銀などを求めること」は、人に貪りの心をおこさせ、酔わせ、迷わせ、塵を増大させる。疑惑をともない、多くの苦労を生じさせる。そこには、堅固さも安定性も存在しない。人々は、これを楽しみ、ほしいままになって、心を汚され、互いに反抗しあい、論争する。殺害、捕縛（捕らえて縛ること）、苦難、損失、悲しみと嘆き、もろもろの欲望におぼれた人々には、多大の禍が起こることがみられる。（『テーリーガーター』三四三―三四五）

『増一阿含経』（巻四十二、大正蔵 第二巻 七六〇頁中）でも、「第二十章」と同様のたとえが紹介されている。そこでは「欲は刀に塗った蜜のようなもので、少し味わった後に傷つくことになる。だから欲を愛してはならない」と記されている。つまり、欲は一時的な快楽をもたらすかもしれないが、その後、結局は苦しみを味わうことになるという。

別の経典には、欲望に振り回されている人は、犬がくさりのようになった細かな骨を得て、それについている少しの肉を食べようとする姿に似ているという。その犬は、骨で唇を切り、喉を傷つけて、結局は空腹を満たすこともできないからである（『中阿含経』大正蔵 第一巻 七七四頁上）。

人の欲望はさまざまなかたちで現れてくる。原始経典の一つである『スッタニパータ』（五十）では「欲望は色とりどりで甘美であり、心に楽しく、種々のかたちで、心をかき乱す。欲望の対象にはこういう危険があることを見て、犀の角のようにただ一人歩め」と言っている。

仏教には「五欲」という言葉がある。この言葉には、二種類の意味があり、一つは人の欲望の代表的なもの、財欲、色欲（性欲）、食欲、名利欲、睡眠欲の五つをいう。「第二十章」では、この中の「財欲」と「色欲」をとりあげているといえよう。また、五欲といった場合のもう一の意味は、人が欲望をおこす心理過程を分析的に考えて、五つの感覚器官（眼・耳・鼻・舌・身）がそれぞれの対象に執着しておこす欲望をいう。たとえば、眼で色・形を見て、耳で音や声を聞き、鼻で香りをかぎ、舌で味わい、身（皮膚のこと）で堅いとか柔らかいなどの感触を得る、そして、そこに生じる欲望をそれぞれ、色欲（この場合の色は「形あるもの」の意）・声欲・香欲・味欲・触欲と名づけている。

ただ、これらの欲望は、人が生きるために必要な、欠くことのできない基本的な欲求でもある。美しいものを見て、それを美しいと思うのは当然であり、そういった感情を否定しようというのではない。ただ、足ることを知らずに、どんどん貪りつづけて度を超してしまうことを問題としている。欲望に執着がともない、欲望に支配される。そうなると正しく周りを見る余裕もなくなり、結果的には他人を苦しめることにもなるし、また自分を苦しめることになる。それは、喉が渇いて海水を飲むようなものであり、また虫に刺されてかゆくなったところを爪でかくようなものであるともいう。どちらも一時は心地よくなるが、その後、ますます喉は渇くし、かゆみはひどくなる。人の欲望は限りないという特徴を次の詩句は指摘している。

> 貨幣の雨が降っても、欲望は満たされることはない。快楽は短くて苦痛である、と知るのが賢者である。（『ダンマパダ』一八六）

ここで、もう一つ「欲望」を「蜜をなめる」ことにたとえて、人の現実の姿を描写しようとしている例を、『仏説譬喩経』（大正蔵 第四巻 八〇一頁）から紹介しておこう。

> ある人が広野をさまよっていたところ、凶暴な象に会った。彼はその象から逃れようと走り回っているうちに、一つの古井戸を見つける。その井戸には一本の樹の根が垂れ下がっていたので、彼はそれを伝って井戸の中に降りていき、

根にぶら下がって一安心していた。ところが、ふと見上げると、白と黒のネズミがその根をかじっている、また周りを見ると四匹の毒蛇が今にも噛みつこうとしている。また、足の下をみると、そこにも大きな龍が口をあけて獲物が落ちてくるのを待っている。この絶望的な情況に、男はどうすることもできずに、天を仰いで助けを待っていると、どこからか、数滴の甘い蜜が口の中に入り込んだ。蜜は口の中に広がり、男はその甘さに酔い、今にも自分の命が失われようとしている現実を忘れてしまったという。

経典によれば、この話の中にでてくる、ある人とは「凡夫」を、凶暴な象は「無常」を、一本の樹の根は「人の命」を、二匹のネズミは「昼と夜」を、四匹の毒蛇は「四大（しだい）」（四つの構成要素、「第十八章」を参照）をたとえているという。さらに、口をあけて待っている龍は「死」を、甘い蜜とは「五欲」をたとえているとされる（ここでいう五欲とは、五官の対象への欲）。

つまり、凡夫は、自分の身が毎日、昼も夜も、年老いているという現実の中で、五つの感覚器官（眼・耳・鼻・舌・身）によって欲望の対象を追い求め、その快楽（五欲）に酔っている。そして、一時の楽しい時をすごしながら、現実を正しく見る眼を失っているという。

第二十一章　恩愛は獄舎のごとし

釈尊は次のように説かれた。

人が妻子や家財に執着して縛られるのは、牢獄で足かせ、手かせ、くさりなどで縛られるよりも逃れがたい。牢獄には恩赦があるが、妻子に対する恩愛は、飢えた虎の口にくわえられていたとしても平気でいるようなもので、その［恩愛の］罪は決して赦（ゆる）されることはない。

仏教経典を読む場合には、それが出家者に向かって説かれた教えであるか、在家者に向かって説かれた教えであるか、という点に注意を払って読む必要がある。釈尊は、道を求めるには、出家して修行に専念することが最も理想的であると考えていた。ただ、

在家信者に対しては、在家の生活において可能な、よりよく生きるための生活倫理を説いている。

「第二十一章」で説かれる内容は、出家者に対して説かれたものである。修行に専念する出家者にとっては、出家前の生活への未練や執着はすべて捨て去ることが要求される。妻子や家財への未練は修行の妨げとなり、牢獄での足かせ、手かせ、くさりなどよりも、強固な障害だという。牢獄につながれている人ならば恩赦によって罪が許されることもある。しかし、修行者が妻子や家財への執着によって縛られるならば、恩赦といったようなものもない。獄舎に入っているよりも、さらに不自由で、いつまでも解放されることはない。それは、飢えた虎に今にも噛み殺されるような危険な状態であるにも拘わらず、平気でいるようなものだという。

ここで「妻子や家財」というのは、世俗的な事柄の代表としてあげているのであり、この語を家族や在家生活と置き換えて読んでも趣旨は同じであろう。ただ、出家したからといって、世俗的な事柄に対しての執着を完全に断つことは、そう簡単ではない。とくに、親子や夫婦など肉親への愛情（恩愛という）を断つというのは、非常に難しい。固い意志をもって出家しても、しばらくするとふつふつと未練の気持ちが湧いてくるということはあるだろう。経典ではこのような執着を取り払えと、何度も繰り返し強調している。同様の教えをいくつかみてみよう。

心の思いが怠惰な者は、淫らなことを見ても浄らかだと思う。恩愛の心はますます盛んになり、そのために獄舎を造りだす。(『法句経』愛欲品、大正蔵 第四巻 五七一頁上)

家にいるのは、足かせと手かせをつけられているようなものだ。仏道を修めようとするにも自由にはいかない。(『長阿含経』巻十五、大正蔵 第一巻 九六頁下)

また、ある人が出家して、山の中に入って修行していた。しかし、彼の心は堅固でなく、在家の生活への未練が生じて、早く家に帰って妻子に会いたいという思いにとらわれてしまう。この修行者に対して、釈尊(仏)は次のように説いている。

あなたは、もともと二つの理由で山の中に入った。二つとは何であるか。第一には、妻や家を牢獄と考えたからである。第二に、子供や一族を足かせ・手かせであると考えたからである。あなたはこういう理由でここへ来て、ブッダの道を求め、生死の苦を断とうとしていたのに、いま家に帰って足かせ・手かせの中に入り、牢獄に入ろうとしている。(『法句譬喩経』愛欲品、大正蔵 第四巻 六〇一頁上)

以上のように、出家者に対しては、在家の生活がいかに修行を完成するには困難な環境であるかを説き、家族などに対しての恩愛や執着を捨てることを勧めるのである。それでは、一般の在家信者に対しては、どのような教えを説いたのであろうか。親子や夫妻などの愛情については、釈尊はいかなる言葉を残しているのだろうか。

一般の家庭生活においては、両親を敬い、妻子を愛すべきであることを、釈尊は説いている。『シンガーラへの教え』に説かれているところをみてみよう。まず、子供は両親に対し奉仕すべきであることを、次のような五つの徳目をあげて述べている。

①私は両親に養われたから、彼らを養おう、②彼らのためになすべきことをしよう、③家系を存続しよう、④財産を相続しよう、⑤祖霊に対して適当な時々に供物をささげよう。

釈尊は、在家の生活においては、両親に対しては尊敬し、つかえることにより、義務をはたすことが大事であると説いているといえよう。

では、次に、親が子に対してはどうであろう。親は子に対して、次の五つのしかたで、子どもを愛すべきことを勧めている。

①悪から遠ざける、②善に入らしめる、③技能を修学させる、④適当な妻を迎え、⑤適当な時期に相続させる。

夫婦に関しては、まず、夫のつとめとして、夫は次の五つの仕方で妻に奉仕すべきことを勧めている。

①尊敬する、②軽蔑しない、③道からはずれない（夫は妻以外の女性と交際したりしない）、④権威を与える（家の中のことは全権をゆだねる）、⑤装飾品を提供する（自分の財力に応じてアクセサリーをプレゼントする）。

次に、妻のつとめとして、妻は夫を次の五つの仕方で愛すべきことを教える。

①仕事をよく処理する、②眷属をよく待遇する（夫と自分の親族とよい付き合いをする）、③道から外れない（夫以外の男性と交際したりしない）、④集めた財を保護する、⑤なすべき事柄について巧みであって、勤勉である。

第二十二章　色欲について

次のように釈尊は説かれた。

［さまざまな種類の欲望がある中で］男女の間の色欲（情欲）ほど、はなはだしいものはない。また、色欲ほど大きいものは外にはない。

この欲は大きいといっても、幸いに一つだけなので助かるが、もしそのような欲が二つあったならば、この広い世界でブッダへの道を修める人は誰もいなかったであろう。

欲望とは文字通り解釈すると「欲しいと望むこと」である。そして、その望む対象によって、種々の具体的な欲望として現れてくる。物が欲しい物欲、お金が欲しい金銭欲、

名誉が欲しい名誉欲、異性が欲しい性欲、おいしいものが食べたい食欲、眠りたい睡眠欲などである。

仏教では、人の欲望の諸相をさまざまな言葉で表している。『四十二章経』を見ても、その中にみられる欲望に関連する用語は、「愛」「欲」「愛欲」「情欲」「色欲」「婬情」などと多様である。しかし、多様ではあるが、その根底に「何かを求める、何々がほしい」という気持ちがあることでは共通である。

釈尊は人を動かしている根本的なものとして欲望を捉える。欲望のしくみを知り、正しく制御できれば、人は迷い苦しむことはないという。そのような認識にもとづいて、ブッダへの修行においては、欲望をどのように制御していくかということが重要な課題となってくる。

欲望を表す原語は多い。たとえば、原始経典の一つ『ダンマパダ』(二一二―二一六)をみると、「ピヤ」(愛)、「ペーマ」(親愛)、「ラティ」(欲楽)、「カーマ」(情欲)、「タンハー」(渇愛)という五つの言葉があげられている。これらそれぞれの特徴は、ピヤ(piya)とは血族や親族に対する血縁的な愛情・恩愛、ペーマ(pema)とは他の特定の人に対する親愛、ラティ(rati)とは特定の人に対する恋愛、カーマ(kāma)とは男女間の性的な欲望、タンハー(taṇhā)とは盲目的な執着となった欲望を意味する、と一般的には理解されている。

ただ、これらの中で、タンハーが最も根源的なものと考えられる。この語は、「渇き」

を意味し、喉が渇いた時に水を欲するような本能的な欲望をいう。「渇愛」「愛著」「愛欲」などと訳される。これは、さまざまな欲望の根底にあり、人間の奥底から出てくる一つの盲目的な「欲する力」であり、これが対象と結びついて、具体的な欲望としてはたらき出すといえよう。

> 世間は渇愛によって導かれる。世間は渇愛によって悩まされる。渇愛という一つのものに、一切のものが従属した。(『相応部経典』第一巻 三九頁)

『四十二章経』「第二十二章」では、このように種々ある欲望の中から「色欲」をとりあげる。「色欲」とは、おもに男女間の性的な情欲のことをいう。そして、さまざまな欲望の中でこの色欲が最もはなはだしく強いものであるというのである。修行する者にとって色欲は大きな障害となるので、充分に気をつけなくてはならない。色欲の赴くままに、激しく追い求めつづけていると、ほかの一切の自制心を失うことにもなる。ここでは、この色欲が一つだからよかったが、もし二つあったならば、だれだってその力に屈してしまい、仏道を修めようとする人はいなかったであろうと述べて、それほど色欲の力が大きいことを強調している。

たとえば、恋い焦がれている人がいると、寝る時間も惜しんで会いたいと思うであろう。自分の持っているものをプレゼントしたくなるし、貯金をおろしてでも買ってあげたいと思うようになる。また、地位や名誉も気にせずにのめりこみ、食事も喉が通らないほど相手のことを想いつづける。このようなことからも、色欲は他のすべての欲望をも凌ぐほどの大きな力をもっていることがわかる。

性的な欲望を表すインドの原語としては「カーマ」が一般的である。カーマという語は、古代インドの宗教、バラモン教の根本聖典である『リグ・ヴェーダ』において、宇宙創造の原動力の一つとされている。また、それが性愛・生殖の力を表す哲学的原理と考えられるようになり、のちの時代には通俗的な愛欲の神となる。愛欲の神としてのカーマ神は、恋愛を成功させるための武器として弓矢をもっているとされ、インドの文芸の中では、登場人物の恋愛を成功させる役割で登場することも少なくない。

仏教においては、カーマという語は否定されるべき情欲を表すことが多い。釈尊はこのような情欲を制御していかなくてはならないという。

まことに情欲(カーマ)は色とりどりに美しく、甘美であり、心に楽しく、さまざまな形をとって、心をかき乱す。情欲の対象にはこういう患(うれ)いがあることをみて、犀(さい)の角のようにただ独り歩め。
これらは私にとって災害であり、腫れものであり、禍(わざわい)であり、病気であり、矢であり、恐怖である。情欲の対象にはこの恐怖があることを認めて、犀(さい)の角のようにただ独り歩め。(『スッタニパータ』五〇—五一)

釈尊の弟子たちの言葉を集めた『テーラガーター』（現代語訳としては、『仏弟子の告白』中村元訳 岩波文庫がある）と『テーリーガーター』（現代語訳としては『尼僧の告白』中村元訳 岩波文庫 がある）という経典がある。それらの記述を見ると、仏弟子たちが情欲を捨てることにいかに苦労したか、また、いかに情欲を克服していったかが赤裸々に語られている。弟子たちの言葉をいくつか見てみよう。

容色をみて、愛らしいすがたに心を向ける者は、心の落ち着きは失われる。愛染の心のある者は、それを感受し、それに執着したままでいる。迷いの生存の根源に導くもろもろの汚れは増大する。（『テーラガーター』九八）

私は、正しく思惟しなかったので、装飾にふけり、心はうわついて、落ち着かず、情欲に悩まされていた。（『テーラガーター』一五七）

私は、正しく思惟しなかったために、情欲に悩まされ、心はうわついて、制することができなかった。煩悩にとりつかれ、快楽の想いにひきずられ、情欲に支配され、私の心は平静を得ることができなかった。瘠せて、青ざめ、醜くなって、七年の間、私は遍歴した。ひどく苦しみ、昼も夜も安楽を得ることがで

きなかった。(『テーリーガーター』七七―七九)

最後の例は、シーハという尼僧の言葉であるが、彼女は長いあいだ修行をしていたにもかかわらず、情欲に悩まされ苦しみ、ついには縄で首をつり死ぬ覚悟までしたという。そして、実際に縄を持って林の中へ入って行き、木の枝に縄を縛り付けて死のうと思った時に、悟りを開いたと伝えられている。この話はいかに情欲をなくすことが難しいかを物語っている一例といえよう。また、情欲を制御しようと修行している者の心に、悪魔が「生まれたものは、情欲を享受します。情欲の快楽を楽しみなさい。あとで後悔することがないように」(『テーリーガーター』一九〇)とささやいたという。これは、修行者の心に情欲が起こるさまを文学的に表現している例である。

この「第二十二章」では、色欲(情欲)の力がいかに大きいかを述べているだけであるが、以下の章においては、このような色欲をいかに弟子たちが制御していったかを説明する教えが述べられる。

第二十三章　欲望の炎

次のように釈尊は説かれた。
愛欲におぼれた人は、まるで松明（たいまつ）を手に持って、風に逆らって歩いて行くようなものである。愚かな人は火を消さないでいると、必ず手に火傷（やけど）を負って痛い目をするであろう。むさぼり、いかり、愚かさの三つの毒は人の身体の中にある。早くブッダの教えを実践して、この禍（わざわい）を除かなければ、必ず害（そこな）われることになる。それはちょうど愚かな人が松明を持って、自分の手を火傷するようなものである。

仏教では欲望や煩悩の恐ろしさを、いろいろな比喩を用いて、何度も何度も繰り返して説いている。釈尊は、人は欲望に振り回されて苦しんでいるといった。仏教で「苦」

とは「思いどおりにならないこと」を意味する。すなわち、わたしたちは、思いどおりにしたいという欲望がある、しかし反面に、現実は無常であり、思いどおりにいかないことが多い。思いどおりにいかない現実の中で、思いどおりにしたい欲望がはたらくから、そこに「思いどおりにならない」という「苦」が生じる。（苦については「第三十五章」の解説を参照）

「第二十三章」では、欲望を火に喩えて説明する。燃え盛る欲望の炎をそのままにしておくと、ついには自分自身に火は燃え移り、どんどんと拡がっていく。人が欲望のままに行動しているのは、火のついた松明を手にして、向かい風の中を進むようなもので、早くその火を消さないと、火傷して、苦しむことになるという。

このたとえは原始経典の「ポータリヤ経」（『中部経典』第五十四経）に詳しく語られている。

> 人が燃えている草のたいまつを持って、風に向かって歩いていたとしよう。もしその人が、その燃えている草のたいまつを直ちに捨てなければ、その燃えている草のたいまつが彼の手を焼くか、腕を焼くか、またいずれかの手足や身体を焼いて、彼はそのために死ぬか、死ぬほどの苦しみを味わうことになるだろう。

これと同様に、様々な欲望は草のたいまつのようであり、苦しみが多く、悩みが多い、そのように智慧をもって正しく知ることが大事だと述べている。また、『テーリーガーター』（五〇七）では、より端的に次のようにいう。

　火をつけられた草のたいまつは、それを持っている人を焼くが、それを放した人を焼きはしない。もろもろの欲望はたいまつに喩えられる。もろもろの欲望は、それを放さない人々を焼く。

その他の経典でも愛欲の恐ろしさは言及されている。たとえば、ある人が広野を進んでいたときに、にわかに火が起こり、広野の乾いた草や樹などを焼き、火がどんどんと拡がってしまったならば、その人は逃げる場所もなくなってしまう。そのように愛欲の炎はすべてを焼き尽くしてしまう（『正法念処経』巻二十八、大正蔵 第一七巻 一六二頁中）。また、火が灰に覆われていて表面には現れていないからといって、愚かにもそこに足を入れれば火傷するようなものである、とも言われている（『出曜経』巻五、大正蔵第四巻 六三三頁上）。

よく考えてみると、欲望に動かされているわたしたちは、すでに火がついて燃えていると考えた方がよいのかもしれない。もう燃えているのだから、髪の毛に火がついているならば、すぐにでも消すように、一刻も早く自分が燃えているということに気付いて、その火を何とかしなくてはならない。

たとえば、衣服や頭に火が燃え移ったならば、それを消すために最大の関心をはらい、精進、奮励、努力し、くじけることなく、注意して智慧をめぐらせるであろう。それと同様に、修行僧は悪く有害なことがらを捨て去るために、最大の関心をはらい、精進、奮励、努力し、くじけることなく、注意して智慧をめぐらさなければならない。(『増支部経典』第五巻　九三頁)

釈尊は、「一切は燃えている」と言った。この言葉は、ガヤー近くにある象頭山(ガヤーシーサー山)の頂上で、釈尊が千人の弟子たちに囲まれて説法したときのものである。一切は燃えているとは、人間の存在そのものが、また、現実の世界そのものが、欲望や煩悩の火によって燃えていることをいう。人々は、それぞれが欲望のままに行動し、自分勝手に振る舞い、自分の自分勝手と他人の自分勝手とがぶつかり合って、思いどおりにいかなくなり、自分を傷つけ、また他人を傷つけている。その様子は、まさに欲望によって燃えているようであるという。

すべてが燃えているということはどういうことか。眼は燃えている、眼の対象である色形は燃えている、眼の認識作用は燃えている、眼における「色形と認識作用との」接触は燃えている、眼の接触によって生じる感受は、快であろうと、不快であろうと、いずれでもないものであろうと、それは燃えている。何によって燃えていのであるか。むさぼりの火によって、いかりの火によって、愚かさの火によって燃えている。誕生、老衰、死、憂い、悲しみ、苦痛、悩み、悶えによって燃えている。(『律蔵』マハーヴァッガ 一—二一)

経典では、この後に、耳が音声を聞く、鼻が香りをかぐ、舌で味わう、身体で触れる、心で思う、のそれぞれに関しても同様に燃えていると説明する。すなわち、人の感覚器官が対象をとらえて、執着が生じて、欲望の火を燃やすということである。たとえば、眼によって色や形をみて、それに応じて感覚が生じて、美しいとか、美しくないといった感情がおこる。そして、きれいなもの、美しいものだけを見たいと望み、その反対のものは嫌悪し、愛憎が生まれる。それはどんどんとエスカレートしていき、次々と欲望が生じて、欲望の炎はますます燃え盛る。そして、結果的に苦しみを生み出す。

『四十二章経』では、「むさぼり、いかり、愚かさの三つの毒は人の身体の中にある」といい、その三つの毒を、ブッダの教えを実践することで制御していくことを説いている。火はもう燃え始めている。そのままにしておくと、どんどん欲望の火が燃え拡がっていく。少しでも早く、火を消さなくてはならない。

比丘たちよ、これら三つの炎がある。三つとは何であるか。むさぼりの炎、いかりの炎、愚かさの炎である。これらが三つの炎である。むさぼりの炎は、欲望におぼれ、夢中になる人々を焼き、いかりの炎は、うらみをいだき、殺生をなす人々を焼き、愚かさの炎は、道理に暗く、正しい真理を知らない人々を焼く。(『イティヴッタカ』九三)

煩悩が滅ぼされた状態の安らぎ、悟りの境地を「涅槃（ねはん）」という。その原語はサンスクリット語で「ニルバーナ」、パーリ語で「ニッバーナ」といい、「吹き消す」という意味である。つまり、煩悩や欲望の火を吹き消した状態を指していうのである。なお、「涅槃」という場合のもう一つの意味は、生命の火が吹き消されたということで、入滅（にゅうめつ）、死去を意味する。

第二十四章　悪魔の誘惑

天神が美女を釈尊のもとにつかわせて、「釈尊の心を乱して」その仏道の修行が確かなものかどうかを試そうとしたことがあった。

そのとき、釈尊は彼女たちに言った。

「あなたたちは、所詮いろいろな汚物が入った皮の袋ではないか。あなたたちは、私のところへ来て何をしようというのだ。そんな色仕掛けでもって、私の六神通の力を無能にすることはできない。ここを去りなさい。私はあなたたちに用はありません」と。

「そこで」天神は、ますます釈尊のことを尊敬するようになり、ブッダの教えを問うた。釈尊は、天神のためにブッダの教えを説いて聞かせた。釈尊の導きによって天神は須陀洹の位の聖者になったという。

釈尊が悟りを完成しようと修行しているとき、悪魔が誘惑して、修行を妨害したと伝えられている。釈尊はこれらの妨害をことごとく退けたとされ、この出来事は「降魔（ごうま）」（悪魔を降伏（ごうぶく）する、つまり制圧するという意味）とよばれ、経典のあちこちで述べられている。「第二十四章」の内容は、このような降魔伝説をもとに作られたものと考えられる。

原始経典によると、悟りを開いた後の釈尊に対しても、悪魔は誘惑したり、呼びかけたりしている。このことは悟りを開いた後も、不断の努力を続ける（道を歩み続ける）必要があることを示唆している。ブッダとしての釈尊は、誘惑を斥ける絶大な自信があったに違いない。しかし、絶えずそれらの誘惑に対しては気をつけている必要があったのであろう。ちなみに、後代の経典（大乗経典など）になると、悪魔の誘惑は、悟りをひらいた後の釈尊には現れないのが普通である。それは、釈尊がしだいに神格化され、悪魔を完全に制圧した後に、悟りをひらいたと理解されたからであろう。

なお、ここでは、「悪魔」の代わりに「天神（てんじん）」ということばが使われているが、その伝えようとするところは同じと言えよう。

経典に現れる悪魔とは何を意味するのだろうか。経典の編纂者は悪魔を登場させて何を伝えようとしたのだろうか。まずは、経典に説かれる悪魔の誘惑と降魔に関する伝説をいくつかみてみよう。

悪魔とその娘たちが釈尊を誘惑しようと試みたという話が『相応部経典（そうおうぶきょうてん）』（第一巻 一二四頁―一二七頁）にある。それによると、三人の娘たちは、父である悪魔が悲しんでいるのを見て、そのわけを聞いた。すると、父は「釈尊を愛欲で誘うのは容易ではない、かれは、悪魔の領域を脱している。だから、私は憂えているのだ」と答える。これを聞いた三人の娘たちは、釈尊を誘惑しようと考える。ちなみに、三人の娘たちの名前はそれぞれ、タンハー（渇愛）、アラティ（不快）、ラガー（快楽）と言った。

彼女たちは釈尊のもとへ近づいて行き、誘惑するが、釈尊はその誘いを気にもとめなかった。企てが失敗に終わった悪魔の娘たちは、「人々の好みは、いろいろと異なる、今度は少女の姿をつくりだして、ブッダを誘ってみよう」と言って、ふたたび釈尊のもとに行く。しかしやはり無駄であった。そこで、今度は、子どもを生んだことのない女性、子どもを生んだことのある女性、中年の女性、熟年の女性へと、次々に姿を変えたのだが、ことごとく失敗に終わる。彼女たちは、まだ情欲を離れていない修行僧であれば、この攻撃をもって攻めたときには、彼らの心臓を破り、口から血を吐かせ、心を錯乱させることができるのだが…、と悔しがる。企てが失敗に終わって帰ってきた彼女たちに対して、父である悪魔は次のように言っている。

愚かな者たちよ、あなたは蓮の茎で山を打ち砕き、爪で岩山を掘ろうとしている。歯で鉄を噛み、大きな岩山を取り除こうと頭をぶつけ、底のない淵（ふち）に足場を探そうとしている。胸に杭を打ちつけて、ゴータマを厭い嫌え。

経典にみられる悪魔のささやきは、修行の障害となる欲望や煩悩などを象徴している。つまり、修行中の釈尊や弟子たちの心の中に、とまどい、疑惑、欲望などが生じたときに、それを悪魔の声として表現していると言えよう。悪魔との戦いとは自分のなかに現れる欲望や煩悩との戦いにほかならない。たとえば、次の例では、心の乱れを悪魔の仲間と呼び、煩悩（三毒）を悪魔の罠といっている。

盗みをしてはならない、虚言を語ってはならない、弱いものにも、強いものにも、あらゆる生き物にも慈しみの心をもて。心の乱れを感じるときには「悪魔の仲間」であると思って、これを除き去れ。（『スッタニパータ』九六七）

比丘たち、むさぼりを捨てず、いかりを捨てず、愚かさを捨てなければ、かれは悪魔に捕まったもの、悪魔の罠にかかったもの、悪しき者のなすがままになった者といわれる。（『イティヴッタカ』六八）

また、『スッタニパータ』では、悪魔の軍隊として八種類を数えている。その八つとは、①欲望、②嫌悪、③飢渇、④渇愛、⑤怠惰や睡眠、⑥恐怖、⑦疑惑、⑧偽善と強情、である。これらはすべて、人間が本来的にもっている欲望、不安、迷い、怠け心、などを表しているといえよう。釈尊はこのようなもろもろの悪魔の誘惑を克服していく。

神々も世間の人々もその軍勢を破りえないが、わたくしは汝の軍勢を智慧の力で打ち破る。焼いてない生の土鉢を石で砕くように。(『スッタニパータ』四四三)

それに対して、敗北を覚悟した悪魔は次のように言って、釈尊のもとを去って行ったと伝えられる。

私は七年間もブッダに、一歩一歩ごとにつきまとっていた。しかし、よく気をつけているブッダには、つけこむ隙(すき)を見つけることができなかった。鳥が脂肪の色をした岩山の周囲をめぐって飛びながら、「ここに柔らかいものが見つかるだろうか。味のよいものがあるだろうか」と考えて飛び回ったようなものである。(『スッタニパータ』四四六―四四七)

悪魔が釈尊や弟子たちを誘惑し妨害しようとして、失敗に終わり、あきらめて去って行く際に、悪魔が言う決まり文句として「釈尊(弟子たち)は私のことを知っておられるのだ、幸せな方は私のことを知っておられるのだ」という表現がある。このように言い残して悪魔は「打ち萎れ、憂いに沈み、その場で消えうせた」と述べられる。このことは、自分の心に起こる欲望や煩悩を、これは欲望や煩悩であると、正しく認識して、それに流されることなく、制御し克服したことを意味しているのだろう。

「第二十四章」では、天神が釈尊の修行が確かなものかを試そうとして、美女をつかわしたことになっている。そして、釈尊の修行が誘惑にはびくともしないほど確実なものであると知った天神は、以前にも増して釈尊を尊敬することになり、教えを受けて聖者の最初の段階である須陀洹（しゅだおん）の位に達したという。

なお、釈尊は誘惑に来た美女たちに対して、「あなたたちは、所詮いろいろな汚物が入った皮の袋ではないか」（原文でこの箇所は「革囊衆穢（かくのうしゅうえ）」となっている）と言っている。それは、人の身体は外見は綺麗に見えても、実のところいろいろな汚物が入った皮の袋ではないか、という意味である。このように観察することは「不浄観（ふじょうかん）」とよばれ、肉体や外界の不浄である様子を観じて、執着や欲望を取り除く修行法である。

第二十五章　流水（丸太）のたとえ

次のように釈尊は説かれた。

ブッダへの道を修める者は、ちょうど丸太が川を流れていく時に、左の岸にぶつかることなく、右の岸にぶつかることなく、また人のために取り上げられることもなく、悪魔や死霊に邪魔されることもなく、渦巻きに巻き込まれることもなく、また途中で腐ってしまうこともなく、そのように流れていけば、必ず海に流れ着くことができるようなものである。

ブッダの道を歩む者が、情欲に惑わされることなく、外からの邪魔者に心を乱されることもなく、精進努力して、疑うことがなく、修行していけば、その人は必ずブッダの道を完成することができる。そのように、私は確信している。

ここでは、正しい修行の心得を、川を流れる丸太を例にとって説明している。「第二十五章」で説くところは、すでに原始経典の中にみられる。すなわち、『相応部経典』（第四巻 一七九頁―一八一頁）によると、釈尊がガンジス河のほとりで、河を大きな丸太が流れているのを見ながら、弟子たちに修行の心得を話したことがあった。次のように釈尊は言っている。

修行者たちよ、この丸太がもしこの岸にもつかず、向こう岸にもつかず、中ほどで沈んでしまうこともなく、陸に打ち上げられることなく、人に取り上げられることなく、非人（人ならぬもの）に取り上げられることもなく、渦巻きに巻き込まれることもなく、内側が腐ってしまうこともないならば、この丸太は海に向かって流れていき、海に入るであろう。なぜならば、ガンジス河の流れは海に向かって流れていて、海に入るからである。

このたとえを述べた後、経典では、丸太が海に行き着くまでに遭遇するもろもろの障害が、具体的になにを意味しているのか一つ一つ説明する。まず、「この岸」とは六種の感覚器官（眼・耳・鼻・舌・身・意）を、「向こう岸」とは六種の感覚器官の対象となるもの（色形・音声・香り・味・接触・思うもの）を意味しているという。つまり、「この岸にも、向こう岸にもつく」というのは、感覚器官がそれぞれの対象と結びついて、その結果、欲望や執着が生じることをいう。

次につづく二つは『四十二章経』には対応する文句はないが、「中ほどで沈んでしまう」とは、喜んで貪ること、「陸に打ち上げられる」とは、自我についての慢心（思い上がりの心）のことであるという。

次に、「人に取り上げられる」とは、世俗の人々と親しくして、世俗の喜びや憂いなどに心を奪われてしまうこと。「非人（ひにん）に取り上げられる」とは、死後に神々の世界に生まれることを願って修行にはげむことをいう。非人とは人間でないものという意味で、神や神霊などである。また、「渦巻きに巻き込まれる」とは、五種の欲に溺れること（五つの感覚器官がおこすとらわれ。「第二十章」の解説を参照）をいう。「内側が腐ってしまう」については、戒律を破り、悪事をなして、不浄で疑われる行為をしたり、隠れて悪事をしたり、修行者ではないのに修行者だと言い、正しく修行していないのに正しく修行していると言う、そのような人を「内側が腐っている」というと説明している。

このような様々な障害をよく通りぬける丸太であったら、必然的に海まで流れていくことは間違いない。それと同じように、修行者が、よく気をつけて障害を乗り超えて、正しい道を進んでいけば、必ず道を達成することができるという。

「第二十五章」では、丸太のたとえを述べた後に、仏道を修めるにあたっての様々な障害を排除していくことを「情欲に惑わされることなく、外からの邪魔者に心を乱されることもなく」とまとめて述べている。つまり、欲望や執着を制御して、世俗の生活を離れて、人からのいろいろな誘惑があっても自分を見失うことなく、死後に神々の世界に生まれようなどと願わずに、つねに目的を意識して志を堅くする、ということである。また、教えが信じられなくなって後戻りすることなく、修行中に疲れてしまうこともなく、本来の目的に至っていないのに、誤ってもう悟ったなどと勘違いすることもなく、ブッダの道を信じて、精進努力して進んでいくことが大事だと述べている。

仏道を修めるうえで大切なことを、田を耕すことに喩えて説明している経典がある。ある時、釈尊を次のように非難する者がいた。「私は畑を耕して種をまいて、それによって得たものを食べるのだが、出家者のあなたは、何もしていないではないか」と。これに対して、釈尊は「私も耕して種をまいている」と答え、次のように、ブッダの修行を農耕に喩えて説明している。

私にとって、信仰が種子である。苦行が雨である。智慧が私にとっての軛（くびき）（車をひく牛や馬の首を押さえる木のわく）と鋤（すき）（田の土を掘りおこしたり、草の根を除いたりするのに使う農具）である。過失への反省が鋤棒（すきぼう）である。心が縛る縄である。気を落ちつけることが私の鋤先（すきさき）と突棒（つきぼう）とである。身をつつしみ、ことばをつつしみ、食べ物の節制を守る。私は真実を守ることを草刈りとしている。柔和が私にとって、［牛の］軛（くびき）を離すことである。努力が私の軛（くびき）をかけた牛であり、安穏の境地まで連れていってくれる。退くことなく進み、そこに着

いたならば、憂えることがない。(『スッタニパータ』七七―七九)

そして、このように耕作されたならば、甘露(かんろ)の果実をもたらす、つまりあらゆる苦悩から解き放たれると説いている。この教えは、農耕に必要な労働や道具を、それぞれ修行にとって大切なことに喩えて説明している。

第二十六章　心を信じるな

釈尊は次のように修行者たちに説かれた。
自分のこころ（意）を信じてはいけない。こころは信じられないものである。愛欲の対象となるものを見て、淫らな情欲を起こしてはならない。淫らな情欲を起こしたら、たちまち禍が生じることになる。最高の悟りを得た阿羅漢の位に達したら、はじめて自分のこころを信じることができる。

まず、冒頭に「自分の心を信じてはいけない」とある。普通一般には、世の中のことは信じられないから、自分の心を信じて生きていかなくてはならないと言ったりする。しかし、釈尊は、心は信じられないという。わたしたち凡夫の心は、欲望や煩悩に強く

影響されているので、その心を信じて、心のおもむくままにしていると、さまざまな禍が生じてしまうという意味である。

心がまったく当てにならないものであることは、経典のあちこちで繰り返し説かれている。たとえば『ダンマパダ』には「心」と題される章があり、そこでは、凡夫の心の性質がいろいろな形容をもって語られている。それによると、心は、動揺し、ざわめき、護り難く、制し難く、捉え難く、軽々とざわめき、欲するがままにおもむき、極めて見がたく、微妙であり…という。

また、大乗経典の一つ『大宝積経』（迦葉品）でも、心の性質について、興味深い説明をしている箇所がある。そこでは、種々の比喩を用いて次のように述べている。

> 心は幻の像のようなものである。虚妄な分別によって、さまざまなありかたをとって（あらわれる）。心は風に似ている。遠くゆき、捉えられず、姿を見せない。心は川の流れに似ている、停止することなく、生じるや否やすぐ消滅する。心は灯火の炎に似ている、因があり縁がそろうと、燃え上がってものを照らす。
>
> （『大乗仏典』世界の名著2　中央公論社、による）

その他、すぐ消えてしまい一時もとどまらないから稲妻のようだ、知らないうちに煙などによって汚れてしまうから空のようだ、いつも物欲しげでさまざまな行為（業）をつくるから猿のようだ、さまざまな行為を描き出すから画家のようだ、などと説明されている。

このような性質の心、欲望や煩悩に強く染まった心に従って、「心のままに生きる」などといっていると、結果的にいろいろな禍が起こり自ら苦しむことになる。「心の師とはなるとも、心を師とすることなかれ」（『大乗理趣六波羅蜜多経』大正蔵 第八巻 八九八頁中）という言葉がある。これは、迷い、動揺する心の師となって導くのはよいが、そのような心を師として付き従ってはならない、という意味である。

そこで、必然的にこのような心を、鍛えて、制御していくことが必要となってくる。それが修行と言ってもよいだろう。『ダンマパダ』では、心を修め、守り、城郭のように堅固に安立していくことを勧めている。原始仏教において「心」というものは、心それ自体が善いとか悪いとかいうのでなく（心の本性を善であるとも、悪であるとも断言していない）、もしも汚れた心で話したり行ったりするならば、苦しみはその人につき従うし、反対に、清らかな心で話したり行ったりすれば、福楽はその人につき従うという。

『四十二章経』では、心を修養していくことを、とくに、情欲を取りあげて「淫らな情欲を起こしてはならない」と述べている。情欲は欲望の中でも最も強いものであるから、ここで問題とされているのであろう。情欲を引き起こすような対象には十分注意して、情欲が生じないようにしなくてはならない、自分の心をそのようにコントロールしなくてはならないという。

テーラプタという名の修行者がいた。彼は自分の心を対象化させて、自分の心に「心よ」と呼びかけながら、なかなか思いどおりに制御できない自分自身を反省している。

> 心よ、男でも、女でも、そなたの欲求に支配されて、快楽を享受する人は、無知であり、悪魔の支配に従い、迷いの生存を喜ぶ者であり、そなたへの奉仕者である。（『テーラガーター』一一四五）

> 形なく、遠くに行き、独り歩む者よ。いまや、私はそなた（心）の言葉に従わない。もろもろの欲望は苦しいもので、辛苦であり、大きな恐怖をもたらすからである。私は、安らぎに心を向けてのみ日を送ろう。（『テーラガーター』一一二二）

> この心は、以前には、望むがままに、快きがままに、さすらっていた。いま私はその心をすっかり制しよう。象使いが鉤（かぎ）を手にして、発情期に狂う象を押さえつけるように。（『テーラガーター』一一三〇）

自分の心が、煩悩や欲望に支配されて、煩悩や欲望の対象を探し回り、あちこちとさまよっている。まず、そのような心の性質を見極めて、そういう心を信じてはいけない。

心のままになることの危険性に気付くことが必要である。そして、その心を修めて、阿羅漢となったら、心は堅固に確立されているので、そのような心ならば信じてもよいという。

屋根をよく葺いていない家には雨が漏れ入るように、心を修養していなければ、情欲が侵入する。屋根をよく葺いてある家には雨が漏れ入ることがないように、心をよく修養しているならば、情欲が侵入することはない。(『ダンマパダ』一三—一四)

煩悩即菩提(ぼんのうそくぼだい)という言葉がある。これは、煩悩がそのまま悟りの縁になることをいうが、心のままに、好き勝手にやってもよいということでは決してない。煩悩に支配されている人が、自分は悟っていると勘違いして、いかにも悟ったかのように人々に教えを説く、これほど危険で恐ろしいことはない。

なお、仏教で「こころ」といった場合には、大別して「心」「意」「識」の三つの用語が使われる。初期の仏教経典ではこれらは同義語として用いられていたが、次第に、こころの分析的考察がなされて、とくに大乗仏教では、それぞれが別々の意味をもって理解されるようになっていった。ただ、『四十二章経』の原文では、「意」という語が使われているが、ここでは一般にいう「心」と同じ意味と理解してよいであろう。

第二十七章　異性を見るときの心構え

ある時、釈尊は修行者たちに次のように説かれた。

「日ごろの生活のなかで」よく注意して女性を見つめないようにしなくてはならない。もしも、見つめるようなことがあったとしても、いっしょに語り合わないようにしなくてはならない。もし語り合うようになったら、心を正しくひきしめて、行いを正しくして、次のように思うべきである。

「自分は沙門である。俗世の間にあっても、あたかも蓮華が泥沼に生えて、泥に汚されることがないようにいよう」と。

老いた女性に会ったら、母と思い、年上の女性と会ったら、姉と思い、年下の女性に会ったら、妹と思い、幼い女性と会ったら、子供と思い、それぞれを敬い、礼儀をもって接するべきである。

女性の頭から足にいたるまで、よく観察して、次のように、心にはっきりと銘記しなくてはならない。「女性の身体とはなんであろうか、それはただ、血とさまざまな内蔵物が詰まっているものではないか」と。このように、理解しなければならない。

ここでは、出家修行者の異性に対する心構えを説いている。欲望の中で最も強いのは、男女間の情欲であることは前の章にふれられていた。そこで、この「第二十七章」は修行者がどのように情欲を制御するべきかについて、一つの具体的な方法を示している。

一般の在家の人々に対して、釈尊は世俗的な正しい性の倫理を説いていたが、出家修行者には、男女の性関係をすべて断つことを説いている。したがって、異性に対する心得は、非常にきびしい。情欲を起こす可能性のある事柄にかかわることは、ことごとく否定されており、男性は女性から、女性は男性から遠ざかるべきだという。欲望の中で最も強力な情欲であるから、よほど集中して修行しているあいだでも、異性を見つめることがあれば、心を動かされて、心が乱れることもある。そこで、ここではまず、「見つめないようにしなさい」と述べ、異性に対してなるべく距離を置くべきことを、心構えとして教えている。

ただ、ここで一つ、この教説を読む場合に、注意しておかなくてはならない点がある。それは、この教えは男性の出家修行者に対して説かれたことである。釈尊が悟りを開き、その教えが広まり、修行者たちの教団ができた当時、そのメンバーは男性の比丘だけであった。その後、女性修行者たちの比丘尼（びくに）教団もつくられたが、全体としては、やはり男性の人数が圧倒的に多く、どうしても教団は男性中心であったことは否定できない。

そのような状況を反映して、今日、経典に残っている教えも、男性の修行者を前提にして説かれたものが少なくない。とくに、情欲の制御に関する教えなどは、男性に対してであるから、「女性に対して情欲を起こすな」と表現されたり、情欲を消し去るために、対象となる女性の不浄な面を観察することを教えたり、また修行者に女性に対して警戒心を抱かせる教えが多く伝えられている。このような教説は、それが説かれた脈絡を無視して読み、誤った理解をした場合、容易に性差別へと発展することになる。ここで説かれる内容は、女性修行者にとっては、異性としての男性に対する心構えを教えているものであることを忘れてはならない。

『四十二章経』「第二十七章」で説く教えは、すでに原始経典の中にあり、前半の部分は、『マハーパリニッバーナ経』にみられる、釈尊とアーナンダとの間の次のような対話に相当する。ただ、この箇所は、釈尊が亡くなった後に、弟子たちの手によって、付け加えられたものだと考えられている。

「尊い方よ、私は女性に対してどうしたらよいのでしょうか。」

「アーナンダよ、見るな。」

「尊い方よ、しかし、見てしまった時には、どうしたらよいのでしょうか。」

「アーナンダよ、話しかけるな。」

「尊い方よ、話しかけてしまった時には、どうしたらよいのでしょうか。」

「アーナンダよ、そういう時には、つつしんでいなさい。」


アーナンダは仏弟子の中でもとくに有名であり、漢訳では「阿難（あなん）」と呼ばれている。彼は釈尊の晩年二十五年間、侍者（じしゃ）（師の近くに持して、つねに世話をする者のこと）としてつかえた、文字通り愛弟子（まなでし）の一人であった。アーナンダは女性の出家にも理解を示し、釈尊を説得して比丘尼（びくに）教団の成立に力を尽くす。また、やさしく思いやりのある性格で、とくに女性信者には人気があったと伝えられる。このようなアーナンダに対して思いを寄せた女性もいたようで、経典では彼が出くわしたいくつかの事件が記されていたりもする。ここで、アーナンダが女性に対する心構えを質問しているのも、彼のそういった性格が関係しているのかもしれない。

托鉢のために町に出ることもある修行者にとって、現実の問題として、異性を見ないというのは不可能なことであった。そこで、異性と会って話しをすることがあった場合には「つつしんでいる」ことが必要だと教えるのである。つまり、自らの心を正しくたもち、心が動揺しないようにすること、情欲が生じないように自らをコントロールすることである。また、さまざまな誘惑があり、煩悩が生じやすい世間であるが、その中で、自分は出家して修行しているという自覚と信念をもって、志を確かにしなくてはならない。その姿は、蓮華が泥沼に生えても泥に汚されないようなものであるという。

この対話の最後にある「つつしんでいなさい」という文句について、注釈書（『長部経典註』）は次のように解説している。「修行僧らよ、あなたたちは、母のような女性に対しては、母だと思う心を起こせ。姉妹のような女性に対しては、姉妹だと思う心を起こせ、娘のような女性に対しては、娘だと思う心を起こせ」と。

次に、『相応部経典』（第四巻 一一〇頁—一一三頁）を見てみよう。そこでは、出家修行者が異性に対する情欲を、いかに制御したらよいかについて述べている。つまり、年が若くてなかなか性欲を抑えられない比丘は、どのようにそれを制御すればよいのかについて具体的に説明している。

ウデーナ王が仏弟子のバーラドヴァージャに質問する。「年が若く、まだ髪も黒々として、元気で若々しい修行者が、性的な欲望におぼれることなく、ブッダの教えを実践し続けて、完成させるにはどうすればよいのでしょうか」と。バーラドヴァージャは次のように答えている。

母のような年の女性に対しては、あなたの母であるという心を起こしなさい。姉妹のような年の女性に対しては、あなたの姉妹であるという心を起こしなさい。娘のような年の女性に対しては、あなたの娘であるという心を起こしなさい。これが、比丘が、髪も黒々として、元気で若々しいにもかかわらず、情欲におぼれることなく、ブッダの教えの実践を、生涯を通じて行い、完成することができる理由である。

この内容は「第二十七章」の後半部分と一致する。ただ、『相応部経典』では、王はさらに質問を続けている。「心というものは気ままで好色なもので、母のような年齢の女性にも、姉妹のような年齢の女性にも、娘のような年齢の女性に対してさえも、時には、情欲が生じてしまうことがあるであろう。その情欲を制御するために、何か他によい方法はないのでしょうか」と。そこで、バーラドヴァージャはいわゆる「不浄観（ふじょうかん）」を紹介して、次のように言う。

この身体は、足の裏から上、髪の毛の先より下、皮膚の内側にいたるまで、不浄物に満たされているということを観察すべきである。この身体には、髪、毛、爪、歯、皮膚、肉…大腸、小腸、胃、糞便、胆汁、痰、膿、血、汗、脂、涙…がある。大王よ、これもまた、年の若い比丘が、髪も黒々として、元気で若々しいにもかかわらず、情欲におぼれることなく、ブッダの教えの実践を、生涯を通じて行い、完成することができる理由なのである。

外見は美しく魅力的に見える女性も、落ち着いてよく観察してみれば、その中身は血と内臓が詰まっていて、けっして美しいものではない、そういう不浄であるという面に意識をもっていき、男性の女性に対する執着心や情欲を断ち切ろうとするのである。

これを聞いた王は、さらに「これらの方法は、修行をつんだ修行者にとっては容易にできることかもしれないが、そうでない修行者にとっては難しいことではないか」と疑問を投げかけている。修行が完全でない者は、たとえ美しい人の不浄性を観察しようとしても、時には、それを浄（きよい）ものと見てしまうこともあるだろう、欲望の強さに負けてしまうこともあるだろう、という。

この質問に対しては、バーラドヴァージャは、諸々の感覚器官（眼・耳・鼻・舌・身・意）を護ることを教える。感覚の入り口である諸器官を充分に注意して保護することが大事なのだと。たとえば、眼については、眼で色や形を見たときには、その対象（色・形）に執着してしがみついてはならない。もしも眼の感覚器官を制御しないままにしておくと、貪欲や憂いが、押し寄せてくるだろう。だから、眼の感覚器官を制抑することを学んで、実践し、眼の感覚器官を護らなければならないと説いている。

この説法を聞いた王は、最後に、「私の場合でも、感覚器官を制御せずに、女性の居室には入ったならば、激しい情欲が私を襲います。しかし、護り、制御しているならばそのようなことは起りません」と言っている。

第二十八章　愛欲の炎を消す

――遠離――

次のように釈尊は説かれた。

人がブッダへの道を修めるときに、情欲を除く〔心構え〕は、ちょうど枯れ草に近づく火をはらい除くようにしなくてはならない。道を修める者は情欲が起こったならば、必ずこれを遠ざけるべきである。

枯れ草は火がつきやすい。ひとたび火がついたら、どんどんと燃え広がってしまう。同様に、欲望の火もつきやすく、ひとたび燃えはじめると、欲望が欲望を生み、どんどんと炎は大きくなる。欲望は自分の身を焼く炎のようなものであるから、欲望を生じさせるものは必ず避けなくてはならない。

「第二十八章」では、情欲を取り上げて、情欲を生じさせるものがあれば、そこから遠

ざかり離れることを説く。また、情欲が少しでも生じたら、その炎が大きくならないうちに、払い除かなくてはならないという。さもないと、欲情の炎はその人を焼き尽くしてしまうことになるであろう。

この教えは、前の「第二十六章」において、男性修行者に対して、情欲が生じる対象である女性からできるだけ遠ざかるべきであると勧めていたことに通じる。そして、遠ざかることのできない場合には、「つつしんでいなさい」と説かれていた。実際問題として、情欲を生じさせるような対象から、物理的な意味で完全に遠ざかり離れていることは不可能なことであろう。そこで、情欲の火が生じないようにし、また生じたらすぐにはらい除くように、精神的な意味においての遠ざける方法が必要になってくる。

釈尊は、出家修行者は世俗的なところから遠くはなれて、人里はなれたところで修行することを勧めていた。遠ざかり離れることは「遠離（おんり）」とよばれ、「世俗の汚れと交わらないこと」、「誘惑の多い世間から離れること」などを意味する。ただ、こうした物理的な遠離だけではなく、精神的な遠離、つまり、欲望を制御することも大切である。欲望の対象に向いて執着しようとする心を、そこから遠く引きはなすこと、心の方向をかえること、これは心的な遠離と言えるかもしれない。そして、正しい教えの実践へ心を向かわせるのである。

「自分の」身体に執着し、多くの煩悩に覆われ、迷妄のうちに沈没している人、

> このような人は、じつに〈遠ざかり離れること〉（遠離）から遠く隔たっている。じつに世の中にあって諸々の欲望を捨てることは、容易ではないからである。
> （『スッタニパータ』七七二）

ある出家修行者が林の荒地に住んで修行していた。しかし、世俗的なことが気になって修行に集中できない。身体は世俗から遠くはなれているにもかかわらず、心は世俗的なものを追い求めている。この修行者は心のレベルで遠離することが必要である。

> あなたは、人々から遠ざかり離れようとして、林の中に入った。しかし、あなたの心は外に向かって揺れ動いている。あなたは人々に対する欲望を制しなくてはならない。そうすれば、あなたは情欲を離れて、安楽となるであろう。
> （『相応部経典（そうおうぶきょうてん）』第一巻 一九七頁）

仏教では人の苦しみの原因を欲望であると認識して、欲望を滅することを説いていた。では、この「滅する」とはどういう意味であろうか。「滅（めつ）」という文字からみると「すべてを消滅させる、ゼロにする」と考えられがちである。しかし、本当の意味は、どうもそうではないようである。

仏教の最も基本的な教えに四つの真理（四諦（したい））―― 苦の真理・苦の原因の真理・苦

の滅の真理・苦を滅するための道の真理 ―― がある。その第三番目である「苦の滅の真理」という場合の「滅」とは「欲望を滅するところに悟りがある」という意味である。ここでいう「滅」の原語はニローダ（nirodha）という。この言葉は、「なくす」「滅す」という意味でも使われるが、インド一般では「制する、抑止する」という意味であり、インドの文芸作品などでも、風などを「せきとめる」という意味で用いられ、ヨーガ行者が「心や感官を制して修める」という意味でも使われているという。

四つの真理においての、ニローダという語も、「抑止する」という意味で理解するのが正しく、欲望を滅するという場合は、欲望を絶滅させると理解するよりも、欲望を抑止して、働き出さないようにする、という意味に理解したほうが正しいと言えよう。欲望が生じたとき、そのはたらきを止めてしまえば、それがさらに発展して、欲望が欲望をよぶことはない。欲望が生じようとしているときに、そのはたらきがそれ以上は増長しないように、せき止めて、抑止して、働き出さないようにする。

繰り返しになるが、釈尊の教えによると、身体的な遠離、つまり世俗社会から遠く離れることは、修行者の基本なのである。修行をつんでいない者が、欲望の対象が渦巻く中へ入っていき、その中で影響されないでいられるほど人は強くはないと、釈尊は認識していたのではないだろうか。このことは、前の章で「心を信じてはいけない」と述べられていたことからもわかる。できるだけ誘惑の多い場所へ入っていくな（心を信じてはならない）、もしどうしてもそのような場所にいく必要があるならば、心を護り、つつしんでいることが大切である。そして、修行を完成したならば（阿羅漢となったならば）、誘惑の渦巻く場所に入っていっても、すこしも動じることなくいられる。

第二十九章　心は指揮官

次のように釈尊は説かれた。

ある時、激しい婬欲を抑えることができずに悩んでいる男が、思い詰めて刀の上にまたがり、自分の男根を切り落とそうとした。そこで、釈尊はこの男に言った。「男根を切り落とすよりは、「婬欲を起こす」自分の心を切り落とすほうがよい。心は指揮官のようなものであるから、指揮官が止まれば、その部下もすべて止むことになる。淫らな心の思いがなくならなければ、男根を切り落としても何の効果もないであろう。そんなことをすれば、死ぬことになる」と。

そして、釈尊は「世間にはこのような誤った考え（倒見）をする愚かな人（癡人）がいる」と言われた。

「第二十九章」で説かれている内容は『法句譬喩経』「教学品」の中にあり、そこではさらに詳しくこの教説が紹介されている。舎衛城の祇樹給孤独園において、釈尊が弟子たちに教えを説いていた時のことである。一人の若い修行僧が、強い性的欲望を抑えられず、修行に集中できないでいた。とてもまじめな人であるが、頑固なところがあり、感情の勢いが盛んな修行僧だったという。

彼は考える、「自分の男根を切ってしまえば、清らかになって、悟りにいたることができるのではないだろうか」と。さっそく、近くの家から斧を借りて、着ていた衣類を脱いで木の板の上に坐り、自分の陰部を断ち切ろうとした。釈尊は、この修行僧の気持ちを知り、次のように言う。「これはなんと愚かなことであろうか、仏道は心を制することによるのであり、心こそが根源なのである。この修行僧は、そんなことをすれば死んでしまうことも知らずに、自らを害って罪に堕ち、長く苦痛を受けようとしている」と。そこで、釈尊はこの愚かな比丘のところへ行き、次のように述べたという。

あなたはなんと愚かで、道理を理解していないことか。道を求めようとするならば、まずその愚かさを断ち、そしてその後に、心を制御しなければならない。心は善悪の根源である。男根を断とうとするなら、まず先に、その心を制御しなければならない。心が定まったならば、真理を理解することができ、そうして後に道を得ることができるのである。(『法句譬喩経』「教学品」、大正蔵 第四

巻五七七頁中）

この修行僧は性欲の原因が心にあることに気付かず、男根に原因があると勘違いしていた。さらには、そのことで誤った解決方法を実行しようとしていたのだ。つまり、性欲を起こす心を断つことを知らずに、男根を断つという自らを死に追いやるような愚かな方法を選択しようとしていたのである。

たとえば、風に木の葉がゆれている。吹いている風の姿は見えないが、その風によってゆれている木の葉は見ることができる。しかし、木の葉をもぎ取ったとしても、それで風が止むということはない。その原因は風にある。また、考え事をしながら歩いていて、柱に頭をぶつけてけがをしても、柱が悪いのではなく、前を見ないで歩いていた本人が原因なのである。柱を壊して取り除いても解決にはならない。前をよく見て歩くことが必要なのだ。

婬欲の本源はそれを引き起こしている心にあることを知らなくてはならない。そして、その心を制御していかなくてはならない。心は指揮官のようだという。指揮官である心が制御されれば、その部下である具体的な欲望も抑えられる。根本的な原因である心を制御しなければ、いくら男根を切り落としたとしても、婬欲を抑制するという効果は期待できない。樹の枝を切ってもまた生えてくる。つる草の枝を切ってもつる草は枯れることはない。しかし、それらのもとにある根を断ち切ることで、すべての枝を枯らすことができる（「第四十章」の解説を参照）。

「第二十九章」では最後に、世間にはこのような誤った考え（倒見）をする愚かな人（癡人）がいる、とまとめている。ここで使われている「倒見」という言葉は、逆さまにものをみたり、考えたりすることで、要するに、ものの本質を正しく捉えていない誤った考えを意味する。「顛倒」ともいい、仏教ではしばしば以下の四種類に分類して説明される（四顛倒という）。

① 無常であるものを永遠とみること。たとえば、すべてのものは常住ではなく変化して滅びるものであるにもかかわらず、常住と思い込み、自分は永遠に生きていられると誤った考えをもつ。

② 苦であることを楽とみること。思いどおりにいかない現実であるのに、一時の感覚的な快楽を味わい、世の中は楽であると勘違いすること。

③ 不浄であるものを清らかであるとみること。人の身体は汚物に似て、汚いにもかかわらず、それをきれいだと思ってしまうこと。

④ 無我であるものを我であるとみること。すべては必ず壊れ滅び、自分の自由にならないものであるが、それらを自由に支配できる自分（我）があると思い込むこと。

なお、冒頭にあげた『法句譬喩経』では、そのあと「十二因縁は、愚かさが一番根本である」と記している。愚かさ（癡・無明）は苦しみの最も根本的な原因であり、それを除くことを第一に考えなくてはならないという。十二因縁とは人の苦しみが生じる原因から結果までを、十二段階に分けて説いた仏教の教えで、その最初にくるのが無明、つまり、愚かさである。

> 十二因縁は、愚かさが根本である。愚かさはあらゆる罪が生じるもとであり、智慧はあらゆる行いの根本である。まず始めに愚かさを断たなくてはならない、そうして後に心を制御するのである。（『法句譬喩経』「教学品」、大正蔵　第四巻五七七頁中）

婬欲を除くために男根を断てばよいと思うのは、物事の道理を知らないことから生じた誤った考えといえよう。つまり愚かさ（癡）から生じる本質を知らない考え（倒見）である。そこで、まずはこの愚かさをどうにかしなくてはならない、道理を正しく知らなくてはならない。誤った認識にもとづく修行はまったく効果が期待できないばかりか、自らを死に追いやってしまうほど危険なものである。

第三十章　欲望は心から生じる

──思と想──

あるところに色欲におぼれた女がいた。彼女は［ある男と会う］約束をしていたが、約束の時間をすぎても、［その男は］来なかった。［彼女は］悔しがっていたが、しばらくして次のように言った。

「欲が生じるもとは意であるということを、私は知った。［この意のはたらきは］思い（思）と想像（想）とから生まれる。私が思ったり想像したりしなければ、欲は生じることはない」と。

釈尊は通りすがりに、この女の言葉を聞いて、修行者たちに告げた。「この言葉をおぼえておきなさい。これは迦葉仏の説いた偈であり、それが言い伝えられて世間に残っているのである」と。

前章と同様にここでも、欲望は心から生じることを述べている。ある女性が男と落ち合う約束をして待っていたが、時間になっても現れない。彼女の心は次第に落ち着かなくなり、早く会いたいという気持ちが、不安と疑惑、そして怒りと悔しさへと変わっていく。しかし、しばらくして彼女は落ち着きを取り戻し、われに返って、「男と会いたかったのは、私の心のはたらきであった、心があの男を思い、男を想像させたのだ。そうだ、よく考えてみれば、心の中であの男を思い、想像しなければ、私の好きなその男などはなかったのではないか」と考える。

ここで説かれている内容は、強い情欲をどのように制御したらよいのかについて、一つのヒントを与えていると言えよう。つまり、その情欲が生じる仕組みを正しく知るということである。落ち着いて心のはたらきを観察して、どのように情欲が生じてくるのかという条件や原因を見極める、そうすることによって、制御することも可能になってくる。このことは男女間の情欲に限ったことではなく、欲望のすべてについて言えることであろう。

「第三十章」では、対象を強く求める気持ちが生じる心理過程を、「迦葉仏の偈」をもって説明する。なぜ、この偈が迦葉仏の説いたものとされているのか、その詳しい理由はわからない。本章で紹介されている「迦葉仏の偈」の原文は次のとおりである。

欲は、吾、爾の本、意なることを知れり、［意は］思と想とを以って生ずる。吾爾れを思想せずんば、即ち爾れは生ぜざらん。

また『法句経』の中にも、同様のことを述べている詩句がある。

欲よ、私はあなたの根本を知っている。こころは思と想によって生じる、私があなたを思わなければ、あなたは存在しない。（『法句経』三一＝『ウダーナヴァルガ』二─一）

なお、迦葉仏とは、釈尊がこの世に出現する以前に六人の仏が現れたと伝えられる（釈尊を含めて過去七仏という）なかの、第六番目の仏の名前で、原語では「カーシャパ」という。ちなみに七仏の名前をあげると、以下のとおりである。

毘婆尸仏（ヴィパシュイン）、尸棄仏（シッキン）、毘舎浮仏（ヴィシュヴァブー）、拘留孫仏（クラクッチャンダ）、拘那含牟尼仏（カナカムニ）、迦葉仏（カーシャパ）、釈迦牟尼仏（シャーキャムニ）

迦葉仏の偈の中に「こころのはたらきは、思い（思）と想像（想）とから生まれる」という文句がある。これはどういう意味であろうか。この言葉が「第三十章」がポイントといってもよいだろう。「思」とは、一般に何かをしようとする意志のはたらきで、こころがある方面に動機づけられること、行為を生み出すこころのはたらきといえる。「想」とは、形や像をこころに思い浮かべること、つまり想像のことである。たとえば、見たり聞いたりして、かわいいとか憎らしいとか思うのが「思」であり、思ったあとにかわいい姿や憎らしい有様が相続して思い出されるのが「想」である。思と想がみだりに働き出さなければ、その人の心もおのずと静まってくるという。

本章が伝えようとしているのは、欲望 ── 特にこの章では異性に対しての欲情をいうが ── におぼれて、苦しんでいる人がいるとき、その原因は欲望の対象自体（たとえば異性など）にあるのではなく、本人の心の中にあるということである。自分の心に眼を向けて、落ち着いて反省することを勧めているといえよう。『ウダーナヴァルガ』（二──七）にある次の言葉はよくこの点を表している。

世間における種々のきれいなものが欲望なのではない。欲望は人間の思いと欲情なのである。世間における種々のきれいなものは、いつもそのまま存在している。しかし、思慮ある人々はそれらに対する欲望を制してみちびくのである。

心は対象を捉えて、さまざまな想像を繰り返し、その対象にとらわれてしまう。異性を見て心を奪われ、自分を見失い、結果的に迷い苦しむことになったとしても、それは自分のこころに原因がある。その異性が悪いのではないという。

貪(むさぼ)りの心をもって物事を見るならば、世の中のものすべては苦しみになる。貪りの心をもって声を聞くならば、どのような言葉もすべて苦しみになる。……貪りの心をもって世間に住んでいれば、男性も女性も、大人も子供もすべて苦しみになる。(慈雲(じうん)『十善法語(じゅうぜんほうご)』「不貪欲戒」)

道に落ちている縄を見て蛇だと勘違いし、驚いたとしても、それは縄の罪ではない。暗闇の中で切り株を見て人の顔だと思って驚いたとしても、切り株のせいではない。情欲を起こしているのも、恐怖を引き起こしているのも、そのもとは人の心に原因がある。心の中にこそ問題があり、外に責任を求めるべきではない。

第三十一章　愛から憂いか生じる

次のように釈尊は説かれた。

人は、愛すること（愛欲（あいよく））から憂（うれ）いが生じ、その憂いから恐れが生じる。愛することがなければ憂いはなくなり、憂いがなくなれば恐れることもなくなる。

ここでは、「愛すること」から「憂い」が生じ、「憂い」から「恐れ」が生じると述べて、その根源である愛することがなくなれば、憂いや恐れもなくなることを説明する。この教えは原始経典の『ダンマパダ』にある、次のような教説を典拠としている。

愛するものから憂いが生じる、愛するものから恐れが生じる。愛するものを離れた人には、憂いは存在しない。どうして恐れることがあるだろうか。（『ダン

マパダ』二一二）

なお、『ダンマパダ』ではこの後、「愛するもの」という箇所を他の言葉に入れ替えて、同じ表現の詩句が続いている。すなわち、「親愛」という言葉を用いて、「親愛から憂いが生じ、親愛から恐れが生じる。親愛を離れたならば憂いは存在しない。どうして恐れることがあろうか」（二一三）というように、以下、「欲楽」、「情欲」、「渇愛」という言葉を用いて同様に繰り返している。

『ダンマパダ』という経典はパーリ語で書かれているが、その原典をみると、「愛するもの」の原語は「ピヤ」である。この語は、愛のなかでも特に自己や血族・親族などに対する愛情を表現するときに使われることが多く、その反対語は「憎むべき」（アピヤ）である。四苦八苦の一つである「愛するものと別れる苦しみ（愛別離苦）」で使われる「愛」も「ピヤ」という語が用いられている。

この世で私の子供は愛しい。この世で私の夫は愛しい。けれども、私にとっては、この真理を求めることが、それよりもさらに愛しいのです。子や夫も、愛しいけれども、苦しみから解脱させてはくれないから。（『相応部経典』第一巻二一〇頁）

これまでにもみたように、仏教において「愛」という言葉は、よい意味に使われることは少ない（「愛」について、詳しくは「第五章」を参照）。なぜなら、それは執着をともない、容易に憎しみに変わる可能性を含んでいるからである。ここでいう「愛すること」もまた、強い執着をともなう「愛着」の意味である。それは、愛する対象を失ったり、それが思いどおりにならなかったりした場合には、恨み、妬み、とまどい、失望、落胆などに変わってしまい、結果的にその人を嘆き悲しませ、苦しめる。

このような意味を含んだ心の働きとしての「愛すること」は、その気持ちが強ければ強いほど、愛する対象を失ったときの嘆き悲しみも大きくなり、また失っていない時にでも、それを失うことをたえず恐れることになる。そこで、愛着を捨てることが勧められる。愛着を捨てることができれば、その対象の変化によって、心が振り回されることもなく、また、心が滅入ったりふさぎ込んだりすることもない。いつ失うかと心配してびくびくすることもなく、恐れることもなくなるという。

これは、愛着の対象が人以外の事物であっても同じである。たとえば、とても欲しい物があり、それを何とかして手に入れたいと思い、大金を支払い手に入れたとする。やっと手に入ったら、今度はそれを失うことが恐くなる。盗まれはしないだろうか、壊れはしないだろうかと不安になる。そして、実際に失った時には、心を痛め嘆き悲しむことになる。

『中部経典』に「愛生経（ピヤジャーティカ経）」という経典がある。そこでは、「愁い・悲しみ・苦しみ・憂い・悩みは、愛すること（ピヤ）から生じ、愛すること（ピヤ）から起る」と釈尊は述べ、その根拠として次のような例をあげている。

その昔、このサーヴァッティにおいて、ある女性の母親が死んだ。彼女は母親が死んだことによって、発狂し、心が錯乱し、車道から車道へ、十字路から十字路へと行き、このように言った。「私の母を見ませんでしたか、私の母を見ませんでしたか」と。この根拠によって、その「愁い・悲しみ・苦しみ・憂い・悩みは、愛することから生じ、愛することから起る」ということが理解されるべきである。

この後、同様の説明を女性の父親、兄弟、姉妹、息子、娘、夫、そして、ある男性の母親、父親、兄弟、姉妹、息子、娘、妻に関して繰りかえし述べている。

『法句譬喩経』（大正蔵 第四巻 五九五頁 中—下）では、四人の修行僧たちの話がある。彼らは、互いに「この世の中で、最も人の気持ちを快くしてくれ、愛すべきものは何であろうか」と議論していた。一人の修行僧は「春に月が出て、木々が美しく花を咲かせるころに、野原で遊ぶこと」が最も楽しいことだと言った。別の修行僧は「親族たちがめでたい席に集まり、酒を酌み交わし、音楽を奏で、歌い踊ること」だという。また、別の一人は「財宝を蓄えて、欲しい物を直ちに手に入れ、馬車も衣服も装飾品も一般の人とは違い、外に出掛ける時にはよく目立ち、道行く人も目をとめること」が最も楽しいという。そして、最後の修行僧は「妻と愛人は容姿端麗で、絹の衣装は美しく、よい香りのするところで、情欲をほしいままにすること」が最も楽しいと言った。このように議論する四人の会話を聞いた釈尊は、次のように述べている。

　お前たちが議論していたことは、すべて憂いと恐れに満ちており、滅亡へ続く道である。それは、永遠の安らぎにつながる最大の楽しみなどではない。

　つまり、木々などは春には栄えるが、秋になると衰えて葉を落として枯れてしまう。親族が集まって楽しんでいたとしても、皆いずれは離れ離れになってしまう。財宝や馬車などは王によって没収されたり、盗賊に盗まれたり、火事にあって焼けてしまい、いつまで自分の物であるかはわからない。また、妻や愛人の美しさは、愛と憎しみの源である。

　愛することで一時的に感覚的な楽しさを味わっても、結果的には苦しむことになってしまう。つまり、愛することは、その根底に憂いと恐れを内包しているといえよう。

第三十二章　自己に克つ

――戦いのたとえ――

次のように釈尊は説かれた。

人が、ブッダへの道を修めるのは、たとえば一人で数万人の敵と戦うようなものである。鎧をかぶり、兵をあやつり、城門を出て戦おうとしても、臆病で度胸がないため、［恐くなって］すぐに退散してしまう者もいる。また、途中で退散して帰ってくる者もいる。格闘して死んでしまう者もいる。また、大勝利を得て、国に帰って高い地位に昇る者もいる。

このように、［修行する］人も、心をしっかりと持って、精進して修行を実践し、世間の俗説や愚者の言葉にまどわされることがなければ、欲望を滅して、悪を離れて、必ずブッダの道を完成することができる。

ブッダへの道を進んでいくときに現れる敵の数は多い。ブッダの教えを実践していく志を立て、髪や鬚（ひげ）を剃り、出家を決意する。世俗的なものを捨て去る覚悟をして、道を歩み始める。しかし、意志を堅固にもっていないと、すぐに世俗的なことを思い出し、出家したことを後悔することもあり、修行に集中できなくなってしまうこともある。また、ブッダの教えを自分勝手に解釈したり、誤った理解をしたりして、正しくない道へ進んでしまい、道に迷う者もいるかもしれない。しばらく修行を続けているうちに、体力と気力がなくなり、道を進むことを諦めてしまう者もいるかもしれない。このような数多くの障害を克服して進んでいくには、一人で数万人の敵と戦うほどの覚悟が必要だという。

この章では、ブッダの教えを実践する修行者たちの心得を、兵士が敵と戦うときの行動にたとえて説明している。修行者にとって戦う敵とは自分自身である。さまざまな煩悩や欲望、煩悩に支配された心、悪魔の誘惑などが修行者にとっての敵である。

戦場において百人の人に勝つよりも、ただ一人の自己に克つ者こそが、まさに最上の勝利者である。（『ダンマパダ』一〇三）

「第三十章」では、その戦いにおいて大切なこととして「心をしっかりと持って」「精進して修行を実践し」「世間の俗説や愚者の言葉にまどわされない」の三つがあげられている。

心をしっかりと持って（原文では「心を牢く持し」）とは、欲望のままに動く心を制御すること。心が捉えがたく、制御し難いことはこれまでにみてきたが、ここでもまた、そのような心をしっかりと、あたかも城のように堅固に安立させることを教えている。次に述べられるのは、「精進して修行を実践すること」（原文では「精鋭進行して」）。精進とは、心を励ましてひたすら道を進むことであった。そして、この精進の大切さはすでにみた。

次に、世間の俗説や愚者の言葉（原文では「流俗狂愚」）にまどわされないことが大切だという。この点に関して、少しくわしく考えてみたい。ここでいう世間の俗説と愚者の言葉とは、具体的に何を指しているのだろうか。

釈尊は、修行において、また、人を導くことにおいて、その本来の目的に役に立たないことには、極力かかわらないという態度をとっていた。たとえば、釈尊の時代には、多くの哲学者や宗教家がそれぞれの考えを主張し、なかには形而上学的な問題を扱い、互いに論争する者もいた。世界は時間的に常住であるか、空間的に有限であるか、身体は霊魂と一つであるか別であるか、このような問題についてさかんに議論を繰り返し、自分の説くところが一番正しいと主張し、他人の説を非難していたのである。しかし、釈尊はこのような論争にはかかわらない立場をとっていた。この立場は、「無記」や「捨置記」（返答しないで捨てておくという立場）などと呼ばれる。無意義なことにはかかわらず、ひたすら仏道の実践に専念することが大事だという。

また、釈尊は、当時多くの人々に信奉されていたと考えられる迷信や俗信について、それらにかかわって修行がおろそかになることを戒めている。

ある経典には（『中部経典（ちゅうぶきょうてん）』第七経、第一巻 三九頁）、川で水浴することで悪業を洗い去ることができると信じていた人の話がある。その人は「バーフカー河は清浄であり、功徳をさずけてくれ、悪業を洗い去る」と信じていた。この人に対して釈尊は説明する。「人はいろいろな河に入り水浴しているが、それによって自らの悪業を流し去ることはできない。正しい行いをすることによって、心を洗ってきれいにしていくことが大事である」と。

また、釈尊の弟子でプンニカーという名の尼僧がいた。河で水浴して悪業から逃れることができると主張するバラモンに対する、彼女の言葉はとても鋭くきびしい。悪業を洗い流すために、寒さにふるえながら水浴しているバラモンに、彼女は次のように言っている。


そもそもどこの無知な者が、無知なあなたに、水浴することで悪業から逃れることができると説いたのですか。さて、もしそうであるならば、蛙も、亀も、龍も、鰐も、そのほかの水中にもぐるものも、すべて天界に赴く（天に生まれる）ことになるでしょう。（『テーリーガーター』二四〇―二四一）

さらに、彼女は、「これらの河の流れが、これまでに行った悪業を運び去ってしまうというなら、この流れは善業をも運んでしまうであろう。そんなことはやめなさい。寒さで体をこわすことになるよ」とまで言っている。そして、正しい道を実践することを教えている。（ここでは、仏・法・僧の三宝に帰依して、戒めを保つことを勧めている。）

さらに『ダンマパダ』（一八八—一八九）では次のように記されている。

人々は恐怖にかられて、山、林、園、樹木、霊樹など多くのものをたよろうとする。しかし、これらは安らかなよりどころではない。これらは最上のよりどころではない。これらのよりどころによって、あらゆる苦悩から免れることはできない。

このように、ブッダの道に関係のない議論にかかわることなく、迷信や正しくない道にまどわされることもない、そのような態度がここでいう「俗説や愚者の言葉にまどわされない」ことだといえよう。

以上にあげたような点に注意して、ブッダの教えを修めていけば、欲望を滅し、悪を離れて、道を完成することができるというのである。道を完成した人は、大勝利を得てブッダとなった人と言えよう。

戦いに勝ったという意味合いにおいて、釈尊（ブッダ）は「勝者」「世雄」「象王」などの形容をもって呼ばれることがある。「勝者」とは、原語では「ジナ」といい、欲望や煩悩、誘惑や悪魔などに打ち勝った聖者という意味で、初期の仏教では釈尊のことをこう呼ぶこともあった。また、ジャイナ教の開祖であるヴァルダマーナも勝者と呼ばれている。釈尊は次のように言う。

諸々の煩悩を滅した者たちは、私と同じく勝者である。私によってもろもろの悪法が征服されたからである、ウパカよ、私は勝者である。（『律蔵』マハーヴァッガ　一―六）

釈尊は、世の雄者という意味で「世雄」とも呼ばれる。世間において最も雄々しく一切の煩悩にうち勝った偉大な英雄という意味である。また、古代インドでは、象は動物の中で最も強く、戦争においても恐れることなく力を発揮することから、戦車の役割を果たしていた。王は象に乗って敵地を征服したとされ、そのような象の中でも最もすぐれているのが「象王」である。釈尊はこの象王にも喩えられている。

第三十三章　琴のたとえ　——中道——

ある夜、修行者が経を読んでいたところ、突然悲しい読み声に変わった。彼の心には「出家したことを」後悔する気持ちが生じ、在家の生活にもどろうと考えていたからである。

釈尊はその修行者を呼んで、質問した。「あなたは、家にいるときには、どんな事を学びましたか」と。修行者は「私は、琴を学んで弾いていました」と答えた。

そこで、釈尊は次のように言った。

「その弦が緩ければその音はどうなりますか」

「音は出ません」

「それでは、その弦がきついとどうなりますか」

「まったく音が出ません」

「それでは、緩くもなく、きつくもなく、ちょうどよい具合だったならばどうですか」

「それはどんな音でも出すことができ、うまく弾くことができます」
そこで釈尊は、その修行者に次のように説かれた。
「仏道を学ぶのもそれと同じことである。過ぎることなく、心がよく調って、バランスがとれているならば、その道を完成することができるのである」と。

ここに紹介されている内容は、原始経典にあるソーナという弟子に対する釈尊の説法をもとにしていると思われる。ソーナは裕福な家に生まれ、大切に育てられた青年であった。あるとき彼は、釈尊の説法を聞いて感動し、出家して弟子になる。彼は、先輩の弟子たちに負けないようにと、熱心に修行にはげんでいたが、なかなか悟ることができない。そんな彼には焦る気持ちがあったのかもしれない。次第に自信をなくしてしまい、こんなことなら在家の生活にもどった方がよいと考えてしまう。

そんなソーナの心を見抜いた釈尊は、彼を近くに呼んで、話し掛ける。ここで釈尊は「琴のたとえ」をもって、ソーナを導いていく。釈尊が説法する際の特徴の一つに、相手にとって身近な話題をきっかけにして教えを説く方法があるが、ここでもソーナが琴(こと)を弾くことを得意としていたので、それを話題にして話を始めている。つまり、琴の弦(げん)は緩(ゆる)すぎても、また強く張りすぎても、よい音は出せない。しかし、弦がつよすぎることもなく、緩すぎることもなく、ちょうどよい具合を保っているならば、琴の音色はこころよく、よい響きを発することができるのである。このたとえを述べた後、修行も同じであると、釈尊は次のように説明している。

それと同様に、あまり緊張しすぎるならば、気持ちが高ぶることになる。また、努力しないであまりにだらけているならば怠惰となる。だからあなたは平等な（バランスのとれた）努力をしなさい。（『律蔵』マハーヴァッガ 五―一）

琴の弦が張りすぎている状態が「気持ちが高ぶること」、緩すぎる状態が「怠惰」に喩えられていることがわかる。気持ちが高ぶるとは仏教の用語では「掉挙(じょうこ)」といい、心がうきうきして静まりのないこと、一方、怠惰とは、「懈怠(けたい)」ともいわれ、怠けて修行に力を尽くさないことである。張り切りすぎずに、怠けずに、要するに、バランスのとれた努力と修行が大切だと教えているのである。また、ソーナは別の箇所では次のようにも言っている。

わたしが過度の精進努力をおこなったとき、世の中における無上の師、眼ある方［釈尊のこと］は、箜篌のたとえ［箜篌とは竪琴の一種。つまり、弦を強く張りすぎることもなく、緩めすぎることもないようにとの教え］を用いて、わたしに教えを説いてくださった。（『テーラガーター』六三八）

『四十二章経』ではこれまでに、少しの時間も無駄にせず、怠けずに精進することの大切さがたびたび強調されていた。しかし、ここでは、あまり激しすぎる修行もよくないという。張り切りすぎて、修行の結果を急ぎすぎるのは、身体的にも精神的にも消耗して、よくないことであると述べているのだ。もちろん怠けることがあってはいけないが、あまり張りつめて過度になりすぎても、修行を完成することはできないという。

この二つの極端を離れて、バランスのとれた修行をする、それを「中道」という。中道は仏教の歴史を通じて、重要な実践原理の一つとされている。対立する二つの極端を離れた、かたよりのない正しい道という意味であり、釈尊は中道を歩んで悟りを開いたともいわれる。

釈尊は、「修行僧らよ、出家者が実践してはならない二つの極端がある」といって、もろもろの欲望のままに快楽に耽ること、そして身体を苛むことに耽ること、これら二つの極端に近づかないことが中道であると述べている（『相応部経典』第五巻四二一頁）。

釈尊の時代には多くの思想家たちがいて、それぞれの考えるところを主張していた。

なかには、たとえ道徳に反することをしても、欲望のままに、欲しいものや楽しいものだけを求めて、現実の快楽に耽る方がよいと主張する者もいた。また一方では、肉体を苦しめ痛めつけるという極端な苦行に専念して、それによって精神（霊魂）の自由が得られると主張する者もいた。釈尊は、これら二つの極端を誤った実践法であるとして斥けている。

> 人格を完成した人は、この両極端に近づかず、中道をはっきりと悟った。それは見る眼を生じ、理解を生じ、心の安らぎ、すぐれた智慧、正しい悟り、涅槃（ニルヴァーナ）に向かうものである。（『相応部経典』第五巻 四二一頁）

ただ、両極端を離れた中道というが、それが具体的に何を意味しているかは、なかなか難しい問題である。物理的にここが真中だといえるような基準はなく、もちろん「どっちつかず」や「中途半端」や「曖昧なもの」といったことでもない。経典において、中道とは八聖道のことであると説明されている。つまり、正しい見解、正しい思惟、正しいことば、正しい行い、正しい生活、正しい努力、正しい念い、正しい精神統一である。

この中道を歩むことは、悟りを求める修行者だけに限らず、世俗の生活をする人にとっても忘れてはならない教訓であろう。経典には、商人の生活をたとえに用いて、中道による均衡のとれた生活を説いている箇所がある。

> 商人は秤を使うときに、これだけ載せれば上に傾き、これだけ減らせば下に傾くということをよく知っている。それと同じように、良家の人は財の収入と支出を知ってバランスのとれた生活をして、あまり贅沢にもならず、あまり窮乏することもない。（『増支部経典』第四巻 三二四頁）

貧しいのに見栄を張って贅沢な暮らしを送ったり、裕福であるのにわざと貧しそうな生活をしたりする、それは中道の生活ではないという。

一つの極端にかたよってしまうと、物事を正しく見たり考えたりできなくなる恐れがある。そこで、少し油断すると極端にかたより、そこに執着してしまいがちな人間の傾向を、たえず注意しながら修正する。そして、正しいバランスが保てるようにコントロールしていくこと、それが中道の実践ではないだろうか。実践的な意味においては、中道とは、バランスのとれた道、調和のある生き方や実践修行のことで、ブッダへの道はこの中道に他ならない。

第三十四章　心の垢を除く　――錬金のたとえ――

次のように釈尊は説かれた。

ブッダへの道を修めることは、まるで熱した鉄を鍛えるようなものである。鉄を鍛えて、しだいに密にしていき、その垢を取り除いてから器にしたならば、必ず立派なものに仕上げることができる。

［このように］ブッダの道を学ぶ時もまた、少しずつ修行を厳しいものにしていき、心の垢である煩悩を取り除くようにして、精進して道を修めるべきである。

修行が激しすぎると、かえって身体が疲れる。身体が疲れると、心もまた悩み苦しむ。心が悩み苦しめば、修行が進まない。修行が進まないと、悪いことをするようになる。

この章では心の垢を取り除くこと、つまり煩悩を取り除いていく過程を、製鉄にたとえて説明している。熱した鉄をハンマーで叩くと鉄の垢が飛び散り、これを繰り返すことで、しだいにその鉄は精錬されていくという。そして、このように精錬された鉄で器を作ったならば、自然とすばらしい作品が出来あがる。それと同様に、ブッダの道を修めるのも心の垢を少しずつ取り除いていくことであると教えている。

聡明な人は順次に少しずつ、たえず、自己の汚れを除くべきである。鍛冶工が銀の汚れを除くように。(『ダンマパダ』二三九)

原始経典にはチューラパンタカという弟子の物語がある。漢訳で彼は周利槃特（しゅりはんどく）として知られているが、生まれつき愚鈍であり、人に言われたことをなかなか理解することができなかった。彼は四ヶ月たっても経典の文句を一つも暗記できなかったという。チューラパンタカはまわりの人々には軽蔑され、秀才といわれた兄は、見込みがない彼を家に帰らせようとした。

そこで、釈尊は彼に一枚の布を与えて、「塵（ちり）、垢（あか）を除け、塵（ちり）、垢（あか）を除け」といってこの布をなでつづけなさいという。彼は教えられるままに、その布をなでつづけていた。その布はしばらくして汚れてくる。そこでチューラパンタカは、この布は、はじめは白かったがいまはこんなに汚れてしまった、無常というのはこういうことなのだろう、と気付いたという。これをきっかけにして、釈尊は、この布だけが塵や垢に染まったものだと思ってはならない、人の心にある塵や垢を除き取ることが大切なのだと説いて聞かせる。彼もしだいにブッダの教えを理解するようになり、ついには悟りを開くまでになったと伝えられている。

他の伝承によると、この物語は、ブッダは彼に足拭きの雑巾を与えて、僧院にくる人の足を拭うことに専念するように教えたとされている。また、別の文献によると、一本の箒を与えて、「塵を払わん、垢を払わん」という言葉をおぼえさせて、彼に塵や垢とは心の汚れであると教えたとも伝えられている。いずれにしても、愚鈍といわれたチューラパンタカが、正しい導きによって修行をあきらめることなく、心の垢を除き続けて、道を完成するまでに至ったことを伝えていると言えよう。

「第三十四章」の後半部分は、前章と同様に、先を急いだ激しすぎる修行はブッダへの道にとって障害になると述べている。前章の琴のたとえでいえば、弦（げん）がきつすぎるということである。激しすぎ、きびしすぎる修行は、身を疲れさせる。身が疲れてしまうと、心もまた悩み、正しく物事を見ることもできなくなる。そうすると、修行が進まない。修行が進まないと、あきらめて世俗の生活に戻ろうと考えたりする。また、欲望のままに生きようなどと誤った考えを起こしたりもする。

ここでは、修行を少しずつ厳しいものにしていくこと（漸（ようや）く深（こまや）かにして）を勧めている。このような態度もまた、バランスをとって修行すること、つまり中道を歩むことと言えよう。少しずつ厳しくする修行方法に関して、原始経典の『ウダーナ』(五—五)では、次のように説かれている。

大海の底が、徐々に傾き、徐々に低くなり、徐々に深まって、絶壁のようにはすぐに深くならないように、修行者たちよ、この教えと律も、徐々に学び、徐々に実行し、徐々に進んでいく道であり、急に完全な理解まで至るものではない。

また、『中部経典(ちゅうぶきょうてん)』の「ガナカ・モッガッラーナ経」では、徐々にブッダへの道を進んでいくことの大切さを、興味深い比喩を用いながら説明している。経典のタイトルになっている、ガナカ・モッガッラーナとはバラモンの名前で、「会計士であるモッガッラーナ・バラモン」という意味である。

彼は釈尊に問う。たとえば、建物を建てる場合でも、バラモンがヴェーダを学ぶ場合でも、弓術を学ぶ場合でも、学ぶ順番があり、徐々に高度なものをマスターしていくというのが普通である。たとえば、彼の仕事である会計士が計算を学ぶ時にでも、最初は簡単な計算から、しだいに複雑な計算へとすすんでいくのだが、ブッダの教えや律においても、同様なことがいえるのだろうか、という質問である。釈尊は「修行者たちよ、この教えと律も、徐々に学び、徐々に実行し、徐々に進んでいく道である」と答えている。

そして、具体的にどのように、少しずつ深くしながら教えを実践していくかについて説明する。それによると、まず、戒を守ることが必要で、次に、感覚器官を守ること、つまり眼などの器官が対象を捉えて執着せず、むさぼりの心などが生じないように努めること。それができるようになると、順次に、食事の量を知ること、つねに覚醒し瞑想によって心を清めていくこと、正しい智慧を得て忘れないようにすること、そして、森や樹下などの静かな場所において、さまざまな煩悩を捨てる努力をすることが必要だと述べている。

第三十五章　すべては苦である

次のように釈尊は説かれた。

人がブッダへの道を修めるのは苦しいことである。といって、その道を修めないでいても苦しい。

よく考えてみると、人は生まれてから、年老いて、病気になり、そして死に至る。［人が一生に味わう］その苦しみは計りしれないほどである。心で悩んで、行いで罪を重ねていく。生死の苦しみはとどまることがない。その苦しみは言葉に表すことができないほどである。

この章のテーマは「苦」である。ブッダの道を進んでいくには、通過しなくてはならない多くの難関があった。堅固な意志と信仰心をもち、気を抜くことなく、かといって焦ることもなく、戒律をまもり、あきらめず、欲望や煩悩を制御しながら進んでいかなくてはならない。その過程は自己との戦いともいえ、相当にきびしく苦しいものであろう。本章では、冒頭にまず「ブッダの道を修めるのは苦しいことである」という。これは、『四十二章経』の他の章で説かれている内容からも納得できることと言えよう。

ではブッダへの道を歩むことをやめ、世俗の生活をすれば幸せであろうか。そこには楽しいこともありそうである。しかし、釈尊はそうではないという。

出家の生活は困難であり、それを楽しむことは難しい。在家の生活も困難であり、家に住むのも難しい。(『ダンマパダ』三〇二)

人生は苦しみに満ちているという。どこへ行っても苦しみのないところはない。人の生老病死は、他人事ではなく、避けることのできない自分自身の根本的な問題として横たわっている。原始経典では、具体的な苦しみに関して、次のように述べている。

生も苦しみである。老も苦しみである。病も苦しみである。死も苦しみである。愛さないものと会うことも苦しみである。愛するものと別れることも苦しみである。求めるものを得られないことも苦しみである。要約していうならば、人間の存在はすべて苦しみである。

日本語の「四苦八苦（しくはっく）」の表現は、ここに由来するのである。このうち、最初の生・老・病・死の四つを四苦といい、それに残りの四つを加えて八苦となることから、四苦八苦といわれている。

言葉の問題としていえば、仏教で「苦」という場合、その原語はパーリ語で「ドゥッカ」といい、「うまくいかない、希望どおりにならないこと」を意味する。要するに、苦しみとは「自分の思い通りにならないこと」をいう。それは、自分が欲し求めるところと、思い通りにはいかない現実との食い違い、ギャップから生じると言えよう。

生まれることも自分の希望どおりにならない、いつまでも若いままでいたいと思っても身体が衰えて老いてくる、いつも健康でいたいと思っていても病気になることはある、そして、死は確実に迫ってくる。死にたくないという自分があり、死ななければならないという現実がある、生まれたものは必ず死ぬということは頭では理解できていても、なかなかそれを受け入れることは容易ではない、そこに苦しみが生じる。

思い通りにいかない現実の中で、自分の思い通りにことを進めようとすると、そこにいろいろな衝突や摩擦が生じる。怒ったり、恨んだりする。時には、心を悩ますだけではなく、争いが起ったり、さまざまな罪を犯したりする結果ともなる。

私には子供がいる、財産がある、と思いつつ、愚かな人は悩む。しかし、すでに自分が自分のものではない。どうして子供や財産が自分のものであろうか。

（『ダンマパダ』六二）

私の子供や私の財産というが、それらは自分の思い通りになるものではない。それよりも、自分自身が思い通りになるものではないのだ。自分の命、若さ、健康、どれもいつかは自分から離れていくものであり、思い通りになるものはない。ここに、苦しみが計り知れないほど大きなものであることの、根本的な原因があるといえないだろうか。

釈尊が出家を決意したのも苦の自覚によってであった。どうすれば苦しみを克服することができるだろうか、そう悩んでブッダへの道を歩み始めたのである。釈尊の苦しみの自覚を物語る「四門出遊（しもんしゅつゆう）」というエピソードはあまりにも有名である。

つまり、城の東の門から出て老人と出会い、南の門から出て病人と出会い、西の門から出て死者を見る。このように老・病・死の苦しみを知って、最後に、北の門から出た釈尊は出家修行者を見て、自分も出家したいと思ったという。この伝説がどこまで史実を伝えているかはわからないが、これらの老・病・死を、釈尊は自分の問題として受けとめ、自ら悩み、苦しんだのであろう。

老・病・死といった厳然たる事実に眼を向け、それ受けとめることはつらく苦しい。

また、その苦を克服するためにブッダへの道を歩むことも苦しい。しかし、現実から眼を背けていても、現実は現実として働きつづけている。その現実を無視して欲望のままに行動すれば、そこに苦しみは生み出される。このようなことから、「人がブッダの道を修めるのは苦しい」しかし「その道を修めないでいても苦しい」と言えよう。

第三十六章　七つの困難

次のように釈尊は説かれた。

［世間には七つの難しいことがある］人が［地獄・餓鬼・畜生の］三つの悪の世界（三悪道）を離れて、人の世界に生まれることは難しい。人として生まれたとしても、女としてではなく男として生まれることは難しい。男として生まれたとしても、六つの感覚器官が完全に具わっていることは難しい。六つの感覚器官を完全に具なえて生まれたとしても、よい国に（中国）生まれることは難しい。よい国に生まれたとしても、ブッダの教えに会うことは難しい。ブッダの教えに会うことができても、それを実践している君主に会うことは難しい。［それを実践している君主に会うことができても］利他に生きる人（菩薩）の家に生まれることは難しい。利他に生きる人の家に生まれたとしても、三人の尊者（釈尊、文殊菩薩、普賢菩薩）を信仰し、ブッダの生存中に出会うことは難しい。

この章では、七つの難しいことを順番にあげている。後者のほうが前者よりもさらに難しいとして、最後に、ブッダの生存中に生まれて、ブッダと出会うことが最も難しいという。すなわち、ここで述べられる内容は、それほどブッダの教えに出会い、接することはまれなことであり、貴重なことであるという点を強調していると言えよう。以下に、ここに述べられる七つの困難を一つ一つみていきたい。

まず、「人の世界に生まれることは難しい」という。これは輪廻の考えにもとづいて述べられており、その中で人間に生まれることが難しいという。この点については、すでに「第十章」の解説でみたところである。

次にあげられる困難とは、たとえ人として生まれることができたとしても、「女としてではなく、男として生まれることは難しい」というものである。原文では「女たるを去りて男に即(つ)くこと難(かた)し」となっており、ここには明らかに性差別の思想がみられる。

仏教経典、とくに多くの大乗仏教の経典には、女性の身体は不浄であるから、修行をつんでもブッダになれないとして、女性がブッダとなることに条件をつけているものがある。つまり、女性のままではブッダになれないので、男性の身に変わらなければならないという考え（変成男子(へんじょうなんし)の思想という）があり、これは中国、朝鮮、日本の仏教にも受け継がれて、仏教本来の教えのように説かれている。これは明らかに誤った考えであり、また、性差別思想である。経典に説かれているからといって、これを無批判に受け入れてはならない。

三番目に困難としてあげられているのは「六つの感覚器官が完全に具わっていることは難しい」である。この部分は原文で、「六情を完具すること難し」とある。「六情」とは六つの感覚器官（眼・耳・鼻・舌・皮膚・こころ）のことをいう。身体に障害をもつ人は、きびしい修行の実践が難しいことから、仏教教団への入門が許されなかったことはある。しかし、身体に障害があればブッダの教えを受けられないとなれば、それは正しい教えとはいえない。やはり、この三番目にあげられている困難も、無批判に受け入れられない。どのような障害をもっていても、ブッダの教えを実践することは可能なはずである。障害をもつ人の苦しみも克服していける教えが、本来のブッダの教えではないか。

次にあげられるのが「よい国に（中国）生まれることは難しい」である。原文では「中国」となっているが、これは国の名前ではなく、中心的な地域という意味である。インドでは、古くはガンジス河中流地域を中国と言っていたが、時代とともに範囲が広がって、インドそのものを指して中国と呼ぶようになったという。古代シナの仏教徒たちは、インドはブッダが生まれて仏教が栄えた中心地ということから、インドを中国と考えたようである。

その後には、たとえよい国（中国）に生まれたとしても、「ブッダの教えに出会うことは難しい」という。たとえブッダの教えに出会う可能性の高い地域に生まれたとしても、実際にその教えを聞く機会を得ることは難しい。ブッダの教えが伝えられているインドに生まれた多くの人の中で、どれだけの人が実際にその教えに接することができたであろうか。

次は、「それを実践している君主に会うことは難しい」という。原文では「有道の君に値うこと難し」である。この「有道の君」という言葉が、具体的になにを指すのかは理解に苦しむが、ブッダの教えを信じている君主という意味であろうか。ちなみに、『四十二章経』の異本（守遂本）では、この箇所は「道者」（ブッダの教えを実践している者）となっている。

そして、「利他に生きる人の家に生まれることは難しい」と続く。原文は「菩薩の家に生ずること難し」で、この中の菩薩とは「菩提薩埵」（サンスクリット語のボーディサットヴァを音写したもの）の略語である。菩薩は、本来、「悟りを求める人」の意味であり、釈尊の修行時代の呼び名であった。それが大乗仏教においては、利他のこころをもって自分を犠牲にしてでも、苦しむ人々の救済に努力する者という意味で用いられるようになった。

最後には、「三人の尊者（釈尊、文殊菩薩、普賢菩薩）を信仰し、ブッダの生存中に出会うことは難しい」という。ここにも原文では「三尊」という言葉が出てくるが、「第九章」と同様に、釈尊、文殊菩薩、普賢菩薩の三人の尊者として理解した。

以上、『四十二章経』に説かれる七つの困難を順にみてきた。ただ、このようにブッダに出会い、ブッダの教えに接する難しさを列挙して述べることは、すでに原始経典でなされている。たとえば、『長阿含経』（大正蔵 第一巻 五五頁―五六頁）、『増支部経典』「難」（八―二九）などを参考にしてまとめると次のとおりである。

①地獄の世界に生まれること、②餓鬼の世界に生まれること、③畜生の世界に生まれること、④長寿天（楽に安住してブッダの教えを求めようとしない）、⑤辺地でブッダの教えや、それを実践する人がいないところ（つまり、中国ではないところ）、⑥たとえ中国に生まれたとしても、誤った見解を信じてしまうとき、⑦中国に生まれたとしても、耳や眼が不自由でブッダの教えを見聞きすることが難しいとき、⑧ブッダの出生に巡り合わないとき。

これらは八難（八難処）と呼ばれている。この八つは、そういう状況ではブッダの教えを修行するのが難しいことを述べている。『四十二章経』に説く七つの困難は、これら原始経典で説かれる内容に、変更を加えて出来あがったものと考えられる。

第三十七章　呼吸の間にいのちあり

ある時、釈尊は一人の修行者に、次のように質問された。

「人のいのちは、どれくらいの間あると思いますか」

「数日の間だろうと思います」

「あなたは、まだよくブッダの教えを究めていません」

また、釈尊は他の修行者に質問された。

「人のいのちは、どれくらいの間あると思いますか」

「食事をしている間くらいの時間だろうと思います」

「あなたは、まだよくブッダの教えを究めていません」

また、釈尊は別の修行者に質問された。

「人のいのちは、どれくらいの間あると思いますか」

「ひと呼吸の間だと思います」

「そのとおりです、あなたはよくブッダの教えを究めているといえます」

すべては無常である。このことわりを、釈尊はあらゆる場面で説きつづけてきた。それは、すべてはたえず変動しているという客観的な情報を伝えることだけを目的とするのではなく、ただ悲観的に現実を見て人生を詠嘆的に生きることを勧めているのでもない、ということはこれまでにみてきたところである。釈尊が無常を強調するわけを、もっとも端的に表しているのは、やはり、釈尊が亡くなる前に遺した「もろもろの事象は過ぎ去るものである、怠ることなく修行を完成なさい」（『マハーパリニッバーナ経』）という言葉ではないだろうか。

すべては無常であるが、その中でも特に強調されるのは、人のいのちの無常である。いのちに限りがあり、いつ死ぬかわからないことは、私たちにとって最も切実な問題といえよう。人はいつまでも生きていたいという望みを強くもっている。そして、その裏側には死ぬことへの不安と恐怖がある。生命が絶えることなく、いつまでも続くことを願うのは、人の歴史において、最大の関心事の一つであったといえよう。不老不死の薬を捜し求めたり、祭祀などによって長寿を願ったりしたという記録が多く残っている。

確かに、無常である現実は、頭で理解してはいる。しかし、毎日の生活の中で、真の意味で無常を自覚しながら生きているだろうか。欲望や煩悩のためにこころの眼は濁ってしまい、無常を正しく観ることができない。また、無常の現実に直面することへの恐怖心のため、そこから眼を背けているのかもしれない。そうして、日々の生活の中で、大切なことを先送りする。あとでやろう、明日は必ず、来月から、来年になったら、もう少し落ち着いてから…。

愛する人の死に直面したとき、病気になって自分が死ぬのではないかと不安になったとき、いのちについて考え、その無常であることを実感する。『四十二章経』の「第三十七章」では、「人のいのちは、ひと呼吸の間にある」と認識するのが、ブッダの教えを正しく理解していることだという。ひと呼吸あとの自分のいのちは保証されていない。吸った息が出てこなければ死んでしまう。つまり、このように認識して、これを糸口にして、いのちが無常であることを正しく知り、受けとめていくことが大事だと説いているのだ。『ウダーナヴァルガ』（一—七・八）では、次のようにいのちの無常であることを説く。

朝には多くの人々を見かけるが、夕方にはある人々のすがたが見られない。夕方には多くの人々を見かけるが、朝にはある人々のすがたが見られない。「私は若い」と思っていても、死すべきはずの人間は、誰が（自分の）生命をあてにしてよいだろうか。若い人々でも死んでいくのである。男でも女でも、次から次へと。

人のいのちは「ひと呼吸の間にある」と言えるほどに、いつ失われるかわからないものである。そこで、いのちの無常性を正しく知り、受けとめたら、いま生きている尊さに気付くことになる。いま生きている有り難さを自覚することになる。そして、充分にいのちを大切にし、怠けることなく、進んでいかなくてはならない。

先ほどの、『マハーパリニッバーナ経』の言葉でいえば、もろもろの事象は過ぎ去るものであり、いのちはそれほどまでに無常であるから、それゆえに、今生きているという尊さを実感して、「怠ることなく修行を完成なさい」ということになる。

『ウダーナヴァルガ』（一―四二）では、いのちが限りあることを、何度も繰りかえし説いたあとに、次のような詩句をあげてまとめている。

それだから、修行僧たち、つねに瞑想を楽しみ、心を安定統一して、つとめはげみ、生と老いとの究極を見きわめ、悪魔とその軍勢に打ち勝って、生死の彼岸に達するものとなれ。

この言葉は、出家修行者に対して説かれたものであるが、この教えの大切さは、一般の社会生活を送る人にとっても同じであろう。怠ることなく修行するとは、別の言い方をするならば、今を充実して生きることに他ならない。

> 学道の人は後日を待って行道せんと思うことなかれ。ただ今日今時を過ごさずして、日々時々を勤むべきなり。（仏道を学ぼうとする人は、もう少しあとになって修行しようと思うことがあってはならない。今のこの日、今のこの時間をむなしく過ごすことなく、毎日、毎時間を充実して過ごすべきである。『正法眼蔵随聞記』一―六）

原始経典の『中部経典』（第三巻 一八七頁）では、「過去を追うな、未来を願うな」という。過去は過ぎ去ったものであり、未来はいまだ至っていない、だから、現在の状況をよく観察して、明らかに見よ、今なすべきことを努力して実践すべきであると述べている。

第三十八章　戒をまもりつづけると

次のように釈尊は説かれた。

私の弟子たちは、私のもとを去り、たとえ数千里離れていたとしても、忘れることなく戒を修行すれば、必ずブッダの道を完成できる。たとえ私の側にいたとしても、まちがったことを考えて修行を怠れば、いつになってもブッダの道を完成できない。

大切なことは実行するかどうかである。私の側にいても、実行しなければ一万分の一も得るところはない。

ここでは、まず、釈尊の近くにいなくても、戒を守って修行すれば、道を完成することができるという。現代語訳で「忘れることなく戒を修行する」とした箇所は、原文では「戒を念ずれば」（異本では「憶念すれば」）とある。ここでいう「念ずる（憶念）」とは、ただ心の中で思うだけではなく、忘れることなく実践するという意味である。

戒は原語のパーリ語で「シーラ」という。この言葉には「習慣性」という意味があり、何度もくり返し守ることによって、その行為が習慣化していくことをいう。大切なのは、自律的におこなうことである。「してはいけない」と命令されるのではなく、自分から「しない」と自主的に実践し、それが習慣として身についていくことである。

たとえば、五戒を守るとは、生きものを殺さない習慣が身につく、盗みをしない習慣が身につく、淫らなことをしない習慣が身につく、嘘をつかない習慣が身につく、酒を飲まない習慣が身につく、という意味である。習慣となる行為には善いものと悪いものがあるが、仏教で「戒」という場合には、よい意味での習慣性のことで、よい方向へ心身を調整していくことをいう。自律的な意味での「戒」に対して、「律」は「ヴィナヤ」といい他律的なもの、すなわち、秩序維持のために教団で守らなくてはならないルールのことである。これら戒と律をあわせて「戒律」という。

釈尊は「私の側にいなくても、戒を実践すればよい」と言う。この文句は、『マハーパリニッバーナ経』にある言葉を思い出させる。釈尊は八十歳となり、自らの死を覚悟しながら故郷のカピラヴァットゥへ向けて旅に出た。途中、釈尊は弟子のアーナンダに告げている。「私は内外のへだてなしに、ことごとく教えを説いてきた、何かを隠すような教師の握りこぶしは存在しない」と。教師の握りこぶしとは、教師が知識を握り締めて、すべてを教えてしまうのを惜しむことをたとえている。つまり、握りこぶしがないとは、説くべきことはこれまでにすべて説いてきたし、秘伝という教えもないという意味である。つづいて釈尊は、次のようにいう。

今でも、また私の死後でも、だれでも自らを島とし、自らをたよりとして、他をたよりとせず、法を島とし、法をよりどころとして、他をよりどころとしない人々がいるならば、彼らは私の修行僧として最高の境地にあるといえよう。

（『マハーパリニッバーナ経』二―二六）

ここでいう「法」とは「教え」のことであり、釈尊がこれまで説いてきた教え（真理）と理解してよいだろう。また、「自らを島とし」「法を島とし」という文句があるが、そのなかの「島」とは「ディーパ」という原語（パーリ語）の訳である。大きな海の中にある島のように、自分自身と教えをたよりにして、修行することを勧めている。

この教説は「自灯明・法灯明」の教えとして有名であるが、このように呼ばれているのは、原語の「ディーパ」に「島」と「灯明」という二つの意味があることに理由がある。ディーパという語を灯明と解釈して「自らを灯明とし、法を灯明とし」と訳したのである。ただ、今日の研究によると、いくつかの根拠によって、このディーパという言葉は「灯明」よりも「島」と理解するほうが正しいと考えられている。しかし、いずれにしても、その伝えようとする趣旨に大きな違いはない。要するに、修行において大切なことは、たえず教えを忘れることなく、自ら実践することだという。

> お前たち修行者よ、私がいなくなった後は、戒を尊重し大切にしなさい。それはちょうど暗やみの中で明るいものに会うかのように、貧しい人が宝物を手に入れたときのようにしなさい。すなわち、この戒はあなたたちの偉大な師である。もし私がこの世に生きていたとしても、自分の精神は戒を離れてはありえない。（『仏遺教経（ぶつゆいきょうきょう）』大正蔵 第一二巻 一一一〇頁下）

「第三十八章」が伝えようとしていることは、自らが戒を守り実践することの大切さである。だから、釈尊のすぐ近くにいたとしても、その教えを実践しなければ、ブッダへの道を歩んでいることにはならない。問題は自分で実践するかどうかなのだ。このことに関して興味深いエピソードが『法句譬喩経（ほっくひゆきょう）』の中にある。

釈尊が祇園精舎（ぎおんしょうじゃ）にいた時のことである。そこから遠く離れた所に、二人の修行者がいた。彼らは、釈尊に会いたいと願って旅に出る。しかし、その途中は、日照り続きの炎天で、泉の水も枯れてしまい、二人は喉が渇いて苦しんでいた。そうしているうちに、運よく少し水がたまっている古い泉を発見する。しかし、よく見るとその水の中に小さな虫が泳いでいるではないか。そこで二人は互いに考える。一人の修行者が「とりあえずは水を飲んで自分たちの命を救おう。仏に会い、その教えを聞くことが目的なのだから、たとえ水を飲んで虫を殺すことになっても、仕方がないことだろう」と主張する。

一方、もう一人の修行者は「仏の説かれた戒は、ものを慈しむことが大事だと教えている、いま水を飲んで生き物を殺すことになれば、仏に会うことができたとしても何の意味もない、殺生までして目的を達成しようと思わない、たとえ死ぬことになっても、戒を犯して生きることはしない」と主張したという。

このように互いに二人の意見は異なってしまう。そこで、一人は思う存分に水を飲んで、道を進んで行った。もう一人は、水を飲まずに、そこで命を落としてしまう。生き残って目的地までたどり着いた比丘は、望みどおり釈尊に会うことができた。しかし、その比丘に対して釈尊は、側にいた天人を指して、この人があなたの連れの人だ、戒を守って死んだが、天に生まれてあなたよりも先にここにやって来たのだと告げたという。そして、次のように言う。

あなたは私の姿を見たけれども、私の戒を守らなかった。あなたは私を見たというけれども、私はあなたを見てはいない。私から何万里も離れている所にあなたはいる。戒を実践したこの人こそ、いま私の目の前にいるのだ。

このたとえ話が伝えようとするのは、釈尊の姿を見ることよりも、実際にその教えである戒を守って、自らブッダの教えを実践することが何よりも重要だということである。また、『イティヴッタカ』（九二）でも同様のことを述べている。その内容を、趣旨をとって紹介しよう。

> 修行者たちよ、たとえ私の大衣をにぎり、私の後に従い、私の足跡を踏んだとしても、もしも彼に、むさぼり、愛欲、いかりの心があり、邪な考えをいだき、自制心がなく、心は統一せずに散乱し、感覚器官が制御されていないならば、彼は私より遠く離れている。なぜならば、その比丘は法を見ない（教えを実践しない）、法を見ない（教えを実践しない）ものは私を見ないからである。

このように述べた後、経典では、たとえどれだけ離れていても、むさぼり、愛欲、いかりの心がなく、邪な考えをせず、自制心をもち、心を統一して、感覚器官が制御されているならば、「彼は私に近づく、私は彼に近づく、なぜならば、その修行者は法を見る、法を見るものは私を見るからである」と述べている。

最後に「経典を身読せよ」と教える『入菩提行経』（五―一〇九）の言葉を紹介しておきたい。この文献は八世紀頃にシャーンティデーヴァ（寂天）が著したもので、大乗仏教の立場から、悟りを求める人々に実践的な教訓を説いている（現代語訳に、金倉圓照訳『悟りへの道』平楽寺書店、がある）。

私は［経典を］身体で読もう。ことばを読むことに何の意義があるだろうか。治療法を読むだけでは、病人にとって何の役に立つだろうか。

治療法を読んだだけでは病気は治らないのと同じように、修行者もブッダの教えを口に読誦するだけでは駄目である。説かれているとおりに、身をもって実践修行しなくてはならないというのである。

第三十九章　教えは一味　——蜜のたとえ——

次のように釈尊は説かれた。

人がブッダへの道を修めることは、たとえば蜜をなめる時に、内側とか外側とかの区別なしになめるようなものだ［どこをなめても甘いものである］。私の教え（経）もまた同じである。［説かれている］内容はどれも快いものである。［その教えに従って］実践していけば、必ず道を完成することができる。

釈尊の説いた教えや戒律などは、人がブッダへの道を歩むに際しての道しるべとも言えよう。そして、その道を歩んで行くのは自分自身であった。進むべき道には、平坦なところや険しいところ、上り坂や下り坂などがあり、さまざまな難所を乗り越えていか

なくてはならない。ブッダとなった釈尊はその道に関して熟知している。だから、道を進んで行く修行者に対しては、その時々に応じて適切なアドバイスができるのだ。平坦なところを進んでいて眠気に襲われそうな時には、眠るなと教えるであろうし、険しい場所を進む時には、注意深く進むことを教える。また、時には怠けるなといい、時には張り切りすぎるなともいう。

これらのアドバイスが、後にまとめられたものが現在に「経典」として伝わっているのである。であるから、一見すると、相互に矛盾するような教説もあるかもしれない。しかし、それらはすべて道を進む人の能力や性格、道の状況などを顧慮して、その時々に適切な助言を与えたからなのである。すべての教えは人を目的地まで導くために説かれているという点において相違はない。

一つの器にいれた蜂蜜をなめた時、端のほうをなめた場合と真ん中をなめた場合とで味は違うだろうか。どこをなめても甘いはずである。それと同じように、仏の教えはどれをとっても、同じ意義を説いているものであり、その真意は異なることがないという。『増一阿含経』（大正蔵　第二巻　七五三頁）では、「私の説く教えはすべて一味であり、大海がことごとく一味であるのと同じである」と述べている。仏教用語として「一味」といった場合には、ブッダの説いた教えは、時や場所、相手によってさまざまに説かれているが、その本旨は同一であることをいう。それはあたかも、海水がどこにあっても塩からく同じ味がするようなものである。

ブッダは、人の生まれや能力などによってわけへだてすることなく、平等に教えを説いた。その教えは、すべてブッダへの道を前向きに進むためのものである。道を歩むスピードは人によってまちまちであろう、しかし、たえず怠ることなく教えをまもって進むならば、必ず前進して、ついに目的は達せられると言っている。『華厳経』（実叉難陀訳、如来出現品、大正蔵 第一〇巻 二六九頁上）の言葉をみよう。

たとえば、水はすべて同じ味（同一味）であるが、器が異なるによって、水に差別が生じる。しかし、水には念慮や分別はない。それと同じように、如来の説いた教えも、ただ一つの味である。つまり、解脱の味である。もろもろの衆生の心の器が異なるために、それにしたがって教えに無量の差別が生じるのである。しかし、如来には念慮や分別のこころはない。

もろもろの水はすべて同じ味であるが、それを入れる器によって形を変える。しかし、水にはあれこれと区別するという、とらわれ・はからいといったものはない。仏の説いた教えも、このようなものである。その味は一つで、解脱（さとり）に導くという味以外のものではない。教えを聞く人の能力や性格などが異なるために、教えは数え切れないほどのすがたをとって現れる。

『法華経』の「薬草喩品」には、仏の教えの一味であることを伝える三草二木の譬喩がある。大地に大きな雲がかぶさり、雨を降らせる時には、地上にあるさまざまな樹木や草に平等に水分を与える。樹木や草は、同じ雨を受けて、それぞれの能力や性質に応じて水を吸収して育ち、茂っていく。その樹木や草は同じ雨であるかどうかにはまったく関係なく、それぞれに適った方法でその雨を受け止めて成長していく。それと同じように、仏がたとえどのように教えを説いたとしても、いろいろな種類があるように見える教えでも、実はまったく同じ一味の教えである。同じ目的のために説かれている。その一味とは、ブッダの道を完成させること、ブッダになるように導くことに他ならない。『維摩経』では、「仏は一つの音声で教えを説かれるが、衆生は類にしたがって、おのおの理解するところを得る」（大正蔵 第一四巻 五三八頁）という。また、『大智度論』（大正蔵 第二五巻 一三〇頁中）では、「薬を服するのは病気を治すことが目的であり、それには貴賤大小の区別はない、それと同じように仏の教えも誰でも修行することができるのである」という。これらもまた同趣旨の教えと言えよう。

釈尊が弟子たちに教えを説いて導く場合の特徴の一つに、「対機説法」という方法がある。この言葉の「機」とは「機根」のことで、仏の教えを理解して、修行する能力・素質のことをいう。機根には個人差があり、人の機根はさまざまである。相手の機根に応じて教えを説くことを対機説法という。それは病気になった人を治療する場合に、その病に応じて適した薬を与えるようなものである。薬を与える目的は、当人を健康な状態に導くことであるように、機根に応じて説かれたさまざまな教えも、その目的は仏道の完成へと導くことである。

仏教は歴史的にみて、多くの宗旨・宗派が成立した。時には、自分の宗旨のみを正しいとして、それ以外の教えは間違いであると非難したり、互いに論争したりすることもある。もちろん、教えを自分勝手に誤って理解して、恣意的な解釈をしたものは非難されるべきである。ただ、自分だけが正しく、他はすべて間違いだという考えは、ここで説くところの「教えは一味である」という点を忘れてしまった結果ではないだろうか。

第四十章　愛欲の根を除く　――数珠を摘むように――

次のように釈尊は説かれた。

人がブッダへの道を修めるときには、数珠(じゅず)（懸珠(けんじゅ)）の珠(たま)を一つずつ摘み取るかのようにして、愛欲の根を抜き取らなくてはならない。一つ一つ摘み取っていけば、最後には必ず無くなるときがある。それと同じように、愛欲がなくなったときに、道を完成することができる。

愛欲の根を抜けという。木の枝をいくら切り払っても、その根を抜かない限りはすぐに生えてくるから、根を抜き取らなければ駄目だという。

頑強な根を断たなければ、たとえ樹を切っても、再び成長するように、欲望（渇愛）の根源となる潜勢力をほろぼさなければ、この苦しみは繰り返し現れ出る。（『ダンマパダ』三三八）

経典では、しばしば煩悩を除くことを「樹根を断じるように」「草根を断じるように」「多羅樹の頭を切るように」などと表現している。最後の例にある、多羅とは、ヤシの木の一種、オオギヤシのことで、サンスクリット語でターラ（tāla）という。この木は幹を切って切り株だけにしておくと、再び生い出ることがない性質をもつ。このことから「多羅樹の頭を切る」という表現が、煩悩を完全に断つことの比喩として、しばしば用いられているのである（中村元編著『仏教植物散策』東京書籍、を参照）。

しかし、樹木の根を抜くように、愛欲の根を簡単に抜くことができるのだろうか。どのようにして根を断てばよいのだろうか。「第四十章」では、「数珠の珠を一つずつ摘み取るようにして」愛欲の根を抜き取ることを教えている。

数珠は、今日では僧侶だけでなく一般の信者も、仏教の儀式のときなどに用いている。数珠はもともと、仏教が起る以前の古代インドにおいて、バラモン教の人たちによって用いられていたものが、西暦紀元二～三世紀ころに仏教に取り入れられたのではないかと考えられている。

「数珠」という言葉は、サンスクリット語では「アクシャ・マーラー」（珠の輪）、また、

「ジャパ・マーラー」という。このうち「ジャパ」とは「低い声でとなえる」の意味で、「マーラー」とは「輪」のことである。要するに「ジャパ・マーラー」で「低い声でとなえる時に使う輪」という意味になる。このことから数珠は「念珠（ねんじゅ）」とも呼ばれている。バラモンが神の名前や比較的短い呪文のような文句（サンスクリット語で「マントラ」といい、漢訳されて「真言（しんごん）」という）を何度も繰り返しとなえる際に、数珠の玉をつまぐって、その数を確認したのが、数珠の本来の使い方だったと思われる。

　キリスト教のカトリックで用いられるロザリオは、インドの数珠が西洋に伝えられたものらしい。数珠の原語のジャパ・マーラーということばを聞いたキリスト教徒が、それを「ジャパー・マーラー」と聞き取ってしまい、ジャパーという語が「バラ」の一種を指す言葉であることから、数珠は「バラの輪」という意味だと理解された。そこで、西洋では「ロザリオ」（rosary）と呼ぶようになったという。

　数珠の珠（たま）の数はさまざまであるが、一〇八の珠からなる数珠が正式なものだとされている。一〇八という数字は煩悩の数との関連で説かれることが多い。煩悩には一〇八種類あるから、その一つ一つを珠になぞらえて、お経を唱えながら数珠をつまぐることで煩悩が一つずつ除かれていくという。また、大晦日には除夜の鐘を一〇八回打ち鳴らし、一〇八の煩悩を一つずつ取り除いていくともいう。『四十二章経』の本章で、数珠の玉を一つずつ摘み取るかのようにと述べているのは、その背景にこのような一〇八の煩悩という考え方があるのかもしれない。

ただ、このように仏教ではしばしば煩悩に一〇八あると説明されるが、一〇八が具体的にどのような煩悩を示しているかは、文献によって一様ではない。実のところ、なぜ一〇八なのかという、明確な理由はわかっていないのである。これは、一般にインドの人たちが一〇八という数字を好んで使ったことに関係しているのかもしれない。仏教に限らず、古くからインドでは、神々の名前を一〇八数えたり、古い哲学書である「ウパニシャッド」という文献を一〇八にまとめて尊重したりしている。したがって、一〇八の煩悩といわれるが、煩悩は正確に一〇八種類に分類されるという意味でなく、人にはそれほどたくさんの煩悩があるという意味に理解してよいだろう。

数ある煩悩の汚れを一つ一つ、精進努力によって除いていく過程を、ある経典では比喩を用いて説明している。その内容を要約してみよう。あるところに、夜には煙って昼には燃えている蟻塚（ありづか）があった。ある人がバラモンに「そこを剣をもって掘れ」と教えられたため、言われたとおりに掘っていると、「閂（かんぬき）」が出てきた。その閂を取り除き、再び掘っていると今度は「蛙」が出てきたので、それも取り除いてさらに掘りつづけた。そのあとに「岐路」「容器」「亀」「屠殺場」「肉片」が次々と出てきたために、順次それらを取り除いて掘りつづけた。すると最後に「龍」が出てきた。バラモンは「龍はそのままにしておきなさい。龍を礼拝しなさい」とその男に教えたという。後に、釈尊はこの出来事に関して解説している。その要点をまとめると以下のとおりである。

蟻塚とは「四大からなる身体」（多くの煩悩のために汚れている人間の存在）を意味している。「剣」とは智慧のことで、「掘る」とは精進努力することをいう。「閂」とは無明、「蛙」とは怒りと悩み、「岐路」とは疑惑、「容器」とは五つの障害（五蓋）、「亀」とは五取蘊（執着をともなった、心身を構成する五つの要素の集まり、「第四十一章」で詳しくみる）、「屠殺場」とは五つの感覚器官の欲望（五欲）、「肉片」とはむさぼり欲する（喜貪）こと。そして、最後に出てきた「龍」とは煩悩が尽きている修行者のことをいう。（『中部経典』第二十三経「蟻塚経」）

煩悩のなかには、修行の過程で意外にも早い時期に除くことができるものから、心身に根深く染み込んでいるために、なかなか除くことのできないものまで、さまざまな種類がある。それほどたくさんある煩悩を、一つ一つ数珠の珠を摘み取るように、あきらめることなく着実に除いていく。そうすることによって最終的には、すべての煩悩を滅することができる。すなわち、必ずその根を抜くことができる時がくるというのである。

第四十一章　情欲におぼれない　――牛が泥沼をいくように――

次のように釈尊は説かれた。

修行者たちがブッダへの道を修めることは、牛が重い荷物を背負って、泥沼の道を歩いていくようなものである。牛はどんなに疲れても、左右を顧みることなく歩いていく。そうして、牛は泥沼の道から抜け出たところで、ほっとして息をつく。

[その様子は、修行者が道を歩んでいく姿に似ている。]

修行者が情欲におぼれるのは、牛が泥沼にはまった姿よりもひどいものである。心をまっすぐにして、ブッダの教えを忘れなければ、もろもろの苦しみから逃れることができる。

重い荷物を背負った牛が、ひたすら目的地へむかって、泥沼の中を進んでいく。その姿は苦しいながらも前向きに努力している修行者のようだ。泥沼は歩きにくい。さらに重い荷物まで背負っている。左右を見たり、立ち止まったりしていると沈んでしまうだろう。ブッダへの道を進んでいく修行者も、情欲の泥沼におぼれやすい場所で、わき目もふらずに、絶えずブッダの教えを実践して、精進努力していかなくてはならない。情欲の泥沼を越えていくことは、牛が重い荷物を背負って泥を突破するよりも困難であるという。しかし、それを乗り越えたときに、ほっと息がつけるときがくる。

世間の縛著(ばくじゃく)は衆苦(しゅく)に没す。譬えば老象(ろうぞう)の泥(でい)におぼれて自(みずか)ら出(い)ずること能(あた)わざるが如(ごと)し(世間のもろもろの事柄に執着して、束縛されてしまうと、そのために多くの苦しみに埋没してしまうことになる。それは、たとえば老いた象が泥の中で足を取られておぼれ、そこから抜け出せないようなものである)。(『仏遺(ぶつゆい)教経(きょうぎょう)』大正蔵 第一二巻 一一一一下)

『相応部経典(そうおうぶきょうてん)』(第三巻 二五頁)には「重担(じゅうたん)」(重荷の意味)と題された経典がある。そこでは、苦しみながら生きている人を、重い荷物を背負って運んでいる姿にたとえている。

じつに五蘊はどれも重荷であり、その重荷を担って運んでいるのが人である。重荷を担っているのは苦しいことで、その重荷をおろすのは安楽である。すでに重荷をおろしたら、さらに別の重荷を担おうとしてはいけない。渇愛をその根元から断ったら、欲することなく、この上ない安らぎを得る。

ここで「重荷」とは「五蘊」である。仏教では五蘊という概念を使って教えを説くことが多い。五蘊とは、五つの構成要素という意味で、この五つの構成要素から私たちの存在はできていると考える。「蘊」とは「集まり」という意味である。要するに、五蘊とは人間の心身、さらには環境のすべてを五つの集まりに分けて説明したものといえる。その五つとは、色・受・想・行・識で、色が物質的なもの、他の四つが精神的なものを表す。以下に、五蘊のそれぞれをまとめることにしよう。

①色（肉体、物質一般）：もとは、人の肉体を意味したが、のちには、いろ・かたちをもったすべての物質的存在を表すようになる。存在を物質と精神とに分けるとしたならば、その物質に属するすべてである。

②受（感受作用）：文字どおり「受け取る」こと、感覚器官（眼・耳・鼻・舌・皮膚）がそれぞれの対象を刺激として受け取って、それをまず感受するこ

とである。

③想（表象作用）：感受したものを表象することである。対象からの刺激を受けて、その刺激によって心に形や姿などのイメージをもつこと。過去に蓄積されている記憶や情報と照らし合わせ、それが何かというイメージをもつことである。

④行（意志作用）：対象に対して、自らの意志によって積極的に働きかける作用をいう。たとえば、対象の刺激を受けて生じたイメージが、自分にとって安全か危険か、好きか嫌いか、などの意志を作り出すことである。

⑤識（識別作用）：対象を区別して認識することで、心の作用全体を統括するはたらき、心そのものともされる。受け入れた刺激、イメージ、意志のはたらき、それらを統合して自分の行動を決定するはたらきともいえよう。

たとえば、道を歩いていて毒ヘビ（色）がいたとしよう。足元にヘビがいることを見て感受が成り立つ（受）。次に、これまでの経験にてらして、それが「毒ヘビである」と認識する（想）。これは毒ヘビだから「危険だ、身を守らなくては」という意志のはたらきが生じる（行）。そして、「ここから逃げよう」という行動が決定される（識）。つまり、五蘊による説明は、様々な物（色）を、心がとらえて認識する（識）までの心理過程を、段階的に「受」「想」「行」とに分けて説明して、それをもって人間の経験する世界の「すべて」を表そうとしていると言えよう。

このように五蘊によって成り立っている人間のあり方は、そこに煩悩や執着が伴うものである。外に何か刺激があれば、そこに注意を傾け執着する。きれいなものがあれば、見て、感じて、快いと思って、自分のものにしたいと思い、ますます見たくなり、ますます執着の気持ちが強く固まっていく。人（五蘊）が欲望のままに対象に執着する、これが「重荷を背負う」である。欲望の渦巻く中で生きている私たちは、すでに重い荷物を背負っているとも言えよう。

であるから、五蘊で表わす私たちの存在は、そういう執着や煩悩を内包しているともいえる。この点から、五蘊は煩悩や執着をもった五蘊という意味で、「五取蘊（ごしゅうん）」ともいわれる（「取」とは執着・煩悩のこと）。そして執着や煩悩を生じないように、滅してしまうことが「重荷をおろす」ことに他ならない。少しでも、荷物を軽くして、さらに新しい荷物を担おうとしてはならない。

ただ、存在を五蘊に分析して考えるのは、あらゆる存在が無常（むじょう）であり、苦であり、無我（むが）であることを正しく知るためであり、さらに、そこに生じている煩悩や執着を取り除くためであることを忘れてはならない。分析そのものが目的ではないのである。

第四十二章　無欲であること　――凡夫の眼・ブッダの眼――

次のように釈尊は説かれた。

君主たちの高い位を、私は旅人のようにみる。金銀宝石を、私は砂利のようにみる。白絹の立派な衣を、私は破れた絹のようにみる。

名誉ある地位を得ることに命をかける、金銀宝石を求めることに汲々とする、高級な衣服を身に着けることに夢中になる、それはそれで価値のあることかもしれない。しかし、もっと大切なことがあるのでは、と釈尊はいう。

人は名誉や地位、そして財産などを追い求め、ひとたびそれを得ると、そこに愛着が生じる。愛着が生まれると、次第にそれらを「私のもの」と思い込んでしまう。私の自由になるもの、私のものとして永遠にあり続けると考えてしまう。また、自分には力が

ある、自分だけは人とは違う、まわりを自由に動かせる、などと思い込む。そして、もっともっとそれ以上の力がほしいと求め続けることになる。

「私のものと思っているものは、じつは私のものではないのだ」と釈尊は教える。それらは永遠にはあり続けるものではないし、いつも思い通りになるものではない。また、本当に確かなよりどころではない。仏教には「無我（むが）」という重要な教えがあるが、その本来の意味するところはこのような趣旨であったと思われる。

『相応部経典（そうおうぶきょうてん）』（第一巻 一〇〇頁―一〇二頁）では、コーサラ国のパセーナディ王に対して釈尊は次のように説いている。

ある時、王は言う、「権力支配の驕りに酔い、愛欲に耽り、国の安全を達成し、広大な領域を征服して支配する国王たちには、その勤めがあります。私はそれに熱中していたいのです」と。釈尊はパセーナディ王に対して、どんな地位の人にも老いと死は等しくのしかかる、どんな地位の人でも免除されない、と述べたあと、次のように教えている。

そこ［老と死が迫ってくるところ］には、象軍も役にはたたない、戦車隊や歩兵隊も役にはたたない。策略による戦いによっても、財力によっても、勝つことはできない。だから、智慧ある人は、自己のためになることを観察して、ブッダと教えと集いとに対する信仰を安住させよ。

そして、老いと死があなたに迫ってくる時には、ただ、教えに従った行い、正しい行い、善い行い、功徳を積むこと以外に、なすべきことはないと教える。

道元は『正法眼蔵』において、次のように述べている。

> 無常たちまちにいたるときは、国王・大臣・親昵・従僕・妻子・珍宝たすくるなし、ただひとり黄泉におもむくのみなり。おのれにしたがいゆくは、ただこれ善悪業等のみなり。（『正法眼蔵』出家功徳）

死が迫ってきた時には、国王や大臣、親しい知り合いも、召し使いも、妻子も珍しい財宝も、どれも助けてはくれない。ただ、ひとりであの世に赴くだけである。自分に従ってゆくのは、善悪の行いだけだ、という。

『四十二章経』「第四十二章」では、権力や名誉ある高い地位を、あたかも旅人のようにみるという。ここで「旅人」とは、一つの場所にとどまることなく、あちこちを転々とする人であることから、無常ではかないものをたとえているのだろう。高い地位も、通りすがりの旅人のように、明日はどこへ行ってしまうかわからないのである。

金銀宝石などは、砂利のようにみるという。金銀や宝石も、輝いている金属や色のきれいな石を、加工したり磨いたりして、人間が値段をつけることによって、価値が生まれたものである。それにまったく興味のない者にとっては、やはり金属や石でしかない。

立派な衣類にしても同じことがいえるのではないだろうか。それをうらやましくも思わない人にとっては、破れた服とたいして変わりはなく、ただ寒さをしのげればどんな衣類でも十分だろう。

高い地位や名誉、金銀財宝、高級な衣類などは、それらを得ていない者にとっては、うらやましく思える境遇であろう。しかし、それらは、本当のよりどころとはならない。確かなよりどころとはならない。高い地位や名誉などが、人の苦しみを解決してくれるだろうか。老いや死から救ってくれるだろうか。また、それらを求めることだけに心を奪われていると、本当に大切なことをみる眼を失ってしまう。釈尊は言う、心の方向を変えて、見方を変えてみてはどうか、と。

> 人がいだく名利欲、財産欲などの五欲、そして高額の所得、高い地位などの類も、人間の眼にこそすばらしいものと見えるが、神々、仏や菩薩の眼からみたならば、まるで鳶が一片の肉を得ようと争っているようなものである。（『十善法語』「不両舌戒」）

漁夫は、小さなもの（小魚やミミズなど）を殺して餌にして、大きな獲物を得る。そのように修行者は、小さな世間的財物を捨てるべきである。世間的財物を捨ててから、修行者は、より大きな修行者の道果（さとり）を獲得するので

ある。(『ミリンダ王の問い』四一三頁―四一四頁)

いろいろな見方がある。凡夫は、凡夫の眼で物事をみて、高い地位や名誉、金銀財宝などをこの上ない価値あるものだと信じ込み、ひたすらそれらを獲得するために力を尽くす。ブッダはブッダの眼で物事をみる。欲望は制御されていて、執着を引き起こすことのない眼である。ありのままにみる眼である。ブッダは、高い地位や名誉は旅人のようだ、金銀財宝は砂利に等しいものだと、修行者に対してアドバイスする。修行者は、それらを旅人や砂利のようだと見ることによって、それを手がかりにして、あらゆる方法で、執着の心を断とうと努力する。そして、心を正しい方向に向けて歩みつづける。

あとがき

ゴータマ・シッダッタは、出家して、ブッダになる道を歩んだ。ブッダとなった彼は、その道を進もうとする人たちに、アドバイスとしてさまざまな教えを説いている。つまり、ブッダになる道を説き示したのである。ブッダは言う、その道に向かって歩む人々は教えの実践者であり苦しみの終極をなしとげるであろう、と。

仏教とは、ブッダの説いた教えであると同時に、ブッダになるための教えである。それは、人がいかに生きるべきかという実践を説くもので、「道」として捉えることができる。

正しい道を、正しく歩まなくてはならない。道を歩むのは自分自身である。途中には乗り越えなくてはならない多くの障害が予想される。途中で道に迷うかもしれない。疲れて進むことを諦めてしまうかもしれない。しかし、ブッダの教えは、たえず道の実践者をはげまし導いてくれる。

『四十二章経』はブッダになる道を歩もうとする人への教えを、四十二の章にまとめて説いているといえよう。この経典は、仏教経典のうちでは短編に属するが、そのなかには「道」という言葉が、実に五十回以上も用いられている。内容は多岐にわたり、出家者に対して説かれたもの、在家信者に対して説かれたものとさまざまであるが、どれも仏教の教えとしては重要であり基本的なものばかりである。それらは決して難解なものではなく、巧みな比喩を用いて説明されており、とてもわかりやすい。このことから、『四十二章経』は一種の仏教入門の教科書として、これまで多くの人々に愛読されてきた。また、そこには現代の私たちが生きていくうえで参考になる教訓が多く含まれ

ている。

「ブッダになる道」と題された本書は、『四十二章経』の現代語訳および解説である。現代語訳においては、理解を容易にするために、原文にはない文句を［　］に入れて補った箇所がある。また、解説においては、各章で説かれる趣意を正しく理解するため、可能な限り、その教えが典拠としている経典に立ち戻って考えてみることにした。そうすることで、各章で述べられる内容が、私たちに、いかなる教訓を伝えようとしているのかを、正しく把握できるのではないかと思ったからである。また、各章において説かれている教説と同趣旨と思われる教えを、原始仏教経典を中心に、他の仏教文献からも比較的自由に引用しながら解説を試みた。

なお、『四十二章経』本文中には、性差別や障害者差別などにかかわる表現がみられる。それらは、無批判に受け入れてはならないものであり、現代語訳において削除されるべきであるが、内容をありのまま伝える意味で、そのまま表記したところがあることをお許しいただきたい。ただ、その場合は「解説」において言及することにした。

恩師である田上太秀博士（駒沢大学教授）には、本書執筆の機会を与えていただいたのみならず、執筆の最初から多くの貴重な助言をいただいた。また、大蔵出版編集部の桑室一之氏には刊行にいたるまでのあいだ、大変お世話になった。深く感謝の気持ちを表わしたい。

平成十四年八月二十七日

服部育郎

■著者略歴

服部育郎（はっとりいくろう）

一九六一年、三重県生まれ。

駒澤大学仏教学部卒業。

同大学院人文科学研究科博士課程満期退学（仏教学専攻）。東方研究会アジア諸国派遣留学生としてインド・プーナ大学留学（一九九四～一九九六年）。

Ph.D.（プーナ大学）。

現在、財団法人東方研究会研究員、東方学院講師、愛知学院大学非常勤講師。専攻は仏教学・仏教思想史。

著書に『テーラガーター　真の心の安らぎとは何なのか』（NHK出版）、『曹洞宗教義法話体系・第三巻、教主釈尊』（共著、同朋舎）、『仏教のことば　生きる智慧』（共著、主婦の友社）、『ブッダ　知れば知るほど』（共著、実業之日本社）などがある。

ブッダになる道――『四十二章経』を読む

2002年10月20日　第1刷発行
2007年12月20日　第2刷発行

著　者　服部育郎
発行者　青山賢治
発行所　大蔵出版株式会社
東京都文京区本郷3-24-6-404　〒113-0033
電話 03（5805）1203／FAX 03（5805）1204
http://www.daizoshuppan.jp/
印刷・製本所　富士リプロ株式会社
本文レイアウト・装幀　株式会社ニューロン

ISBN978-4-8043-3060-0 C0015